Comment (re)devenir le héros de sa vie ?

Comment (re)devenir le héros de sa vie ?

*Les 12 défis pour retrouver votre joie
et arrêter de jouer la sécurité, même
si vous avez peur de l'échec.*

Cyril ARNAUD

Édition : BoD · Books on Demand, 31 avenue Saint-Rémy, 57600 Forbach, bod@bod.fr

Impression : Libri Plureos GmbH, Friedensallee 273, 22763 Hamburg (Allemagne)

ISBN : 978-2-3225-5968-8
Dépôt légal : avril 2025

Sommaire

INTRODUCTION

Qui suis-je ? Je suis un être humain tout simplement comme vous tous. Rien de plus, rien de moins. Avec un cœur, des poumons, des cheveux et deux yeux (certes de couleurs différentes, mais bon).

Et si je vous dis qu'être adulte ne signifie pas qu'on doit ranger ses rêves au placard avec ses jouets d'enfance ? Aujourd'hui, beaucoup de gens se retrouvent coincés dans la routine « métro-boulot-dodo », comme si la vie devait forcément se résumer à ça. On court après le temps, on remplit des to-do lists, et au final, on oublie l'essentiel : soi-même. Où sont passés ces rêves d'enfant qui nous faisaient sourire, ces idées un peu folles qui nous donnaient envie de conquérir le monde (ou au moins notre quartier) ?

Ce livre, c'est une invitation à une grande bouffée d'air frais. À vous montrer qu'il n'est jamais trop tard pour rêver à nouveau, pour vous reconnecter à l'enfant que vous étiez, celui ou celle qui croyait que tout était possible. Oui, même avec les responsabilités, les factures, et les aléas de la vie d'adulte. Parce que spoiler alert : vous pouvez tout à fait gérer votre vie sérieusement sans vous prendre trop au sérieux.

À travers ces pages, je vais vous proposer une aventure ludique, faite d'objectifs motivants et de mini-jeux amusants, pour vous aider à sortir du pilote automatique. Mon but ? Prouver qu'on peut être un adulte accompli, tout en gardant cette étincelle d'enfance qui rend la vie tellement plus belle. Parce que, soyons honnêtes, la vie est bien trop courte pour la passer à ronchonner dans les bouchons ou à attendre le week-end pour commencer à être heureux.

Alors, prêt(e) à sortir de la routine et à réapprendre à rêver ? Allez, on y va. Ensemble, on va remettre un peu de magie, de fun, et d'espoir dans votre vie !

À l'heure où j'écris ce livre, j'ai trente-quatre ans. Et depuis mon adolescence, j'ai toujours eu ce côté nonchalant, pas forcément sérieux à l'école. Je n'étais bon qu'en sport et en mathématiques. Mais aujourd'hui, voilà mon livre, une expérience folle.

Je suis infirmier en cancérologie. Un très bon service, malgré des journées parfois difficiles, qui m'a fait comprendre l'importance de la vie et des simples moments de bonheur. Comme dit Baloo (le livre de la jungle) « il en faut peu pour être heureux ». Cela m'a aidé à relativiser et à prendre les événements de la vie comme ils viennent.

Je ne suis pas un mec stressé, bien au contraire je suis quelqu'un de très zen. Je trouve que la nature m'a donné un don, car aujourd'hui le niveau de pression est affolant. Les pressions familiales, professionnelles et sociales ont de quoi nous faire monter en pression et devenir presque (voir complément) fou, angoissé et instable.

J'ai une passion pour les jeux vidéo et l'animation japonaise, chose qui de nos jours est considérée comme enfantine (selon notre société). Il est considéré que les jeux vidéo sont pour les enfants et adolescents.

Ce livre a pour but de briser le mythe selon lequel être adulte signifie ne plus avoir le temps de s'amuser. Je veux vous aider à sortir de la routine métro-boulot-dodo et ainsi prouver qu'il est possible de s'épanouir tout en s'amusant. Être adulte ne doit pas rimer avec monotonie, mais avec apprentissage, plaisir et exploration.

Il est possible d'unir les deux côtés, c'est-à-dire être un adulte responsable et avoir l'imagination et la joie de vivre d'un enfant. Rappelez-vous lorsque vous étiez enfant, insouciant, pas stressé, heureux pour peu. Vous devez retrouver cet esprit dans votre corps d'adulte. Lorsque les choses se compliquent, car oui cela arrive dans la vie, prenez votre côté adulte et réagissez comme il se doit. Mais une fois la pression redescendue, soyez zen.

Pour être zen, ayez des moments à vous. Que vous soyez parent et directeur d'entreprise avant d'être tout ça, vous êtes une personne à part entière qui a besoin de se retrouver et s'épanouir. Faites du sport, jouez aux billes, faites de la couture, lisez mon livre, bref n'importe quoi qui vous sort de votre routine. Pour ma part, je pratique l'athlétisme depuis dix-sept ans, le Krav Maga depuis six ans, et je m'intéresse activement aux livres sur le développement personnel. Ces passions m'ont permis de cultiver la discipline, la résilience et une soif constante d'apprentissage, des qualités que je souhaite transmettre à travers ce livre.

Vous me direz sûrement que vous manquez de temps, mais nous avons tous 24 h dans une journée. Certes, le temps passe vite, il faut savoir s'organiser, prioriser les choses et faire des choix. Ces choix sont les vôtres, n'ayez pas peur du jugement des autres. À quoi bon ?! Si vous voulez passer votre journée dans le canapé à regarder Netflix, faites-le ! Si ce temps vous permet de vous sentir mieux alors oui, prenez ce temps. Et lorsque votre voisine ou votre collègue vous demande ce que vous avez fait de votre dimanche, mais que vous ne voulez pas dire que vous n'avez « rien » fait, répondez-lui que vous avez pris du temps pour vous. Cela rend la chose plus sérieuse.

J'arrive à unir sérieux et zen attitude. Un mec ordinaire de 34 ans qui fait des choses extraordinaires, avec un BAC, un Diplôme d'État Infirmier qui me permet de sauver des vies et un diplôme universitaire en douleur et soins palliatifs. Et maintenant, je suis auteur. Si je peux le faire alors vous aussi !

Le lien entre le sérieux et la zen attitude réside dans l'équilibre. Être sérieux ne signifie pas être constamment sous tension et être zen ne veut pas dire manquer de rigueur. Les deux se nourrissent : en adoptant une approche calme et posée, on devient plus efficace dans ses tâches et en restant discipliné on évite le stress inutile.

Ce livre s'adresse à vous, homme, femme et non genré, qu'importe votre âge, votre religion ou votre culture. J'écris ce livre pour toutes les personnes dans le besoin. Le besoin de s'épanouir, d'être plus heureux. Si vous vous sentez bloqué ou que vous avez peur de l'inconnu, ce livre en est le remède.

Car oui, l'inconnu fait peur, mais c'est en y mettant les pieds que nous progressons. Imaginez les hommes des cavernes, s'ils étaient restés dans leur grotte, nous ne serions pas là aujourd'hui. Ils ont eu le courage d'aller affronter un monde qu'ils ne connaissaient pas. Et quels en ont été les résultats ? Ils ont appris à faire du feu, à chasser, puis, bien plus tard, à aller sur la lune ou encore à réaliser des greffes de cœur.

Donc si c'est possible pour une personne ou un groupe de personnes c'est aussi valable pour vous. Voulez-vous continuer votre vie monotone ? Non, je ne pense pas ! Vous voulez aller plus loin ? Oui, sinon vous ne seriez pas là. Ce livre n'est pas un grimoire avec des formules magiques, c'est un recueil de multiples données et de connaissances afin de vous faire prendre conscience de votre état, conscience de votre routine qui vous pèse. Chacun d'entre vous a le droit de vivre pleinement sa vie à sa manière. Nous n'avons tous qu'une vie, soyez en conscient. J'ai beau être fan de jeux vidéo, je sais très bien que je n'aurai pas l'option « recommencer » lors de mon dernier souffle. Et vous non plus.

1 vie = 1 chance.

Allez-vous vraiment gâcher cette chance pour plaire à autrui ?

Nous voulons tous une vie meilleure, mais encore faut-il avoir les bonnes clés. Il est difficile d'ouvrir les portes d'une maison avec les clés d'une autre. Une fois que vous avez trouvé les clés qui correspondent à vos rêves, n'oubliez pas de les utiliser. Posséder une belle maison, mais rester à regarder les murs sans jamais y vivre ne vous apportera rien. De même, avoir de grands rêves sans jamais passer à l'action, c'est comme laisser un trésor prendre la poussière au fond d'un coffre. Alors, ouvrez cette porte et osez entrer dans la vie que vous voulez vraiment vivre !

Je le dis encore une fois, je ne suis pas monsieur je sais tout, j'en apprends encore tous les jours, mais je veux partager avec vous les choses que je sais déjà afin de vous aider à être plus heureux.

Je ne juge personne sur sa vie personnelle, chacun mène la vie qu'il veut vivre. Si pour vous travailler de 9 h à 17 h vous convient très bien, tant mieux pour vous. Mais si vous souhaitez vivre votre vie différemment, réaliser certains de vos rêves, alors marchons ensemble.

Êtes-vous prêt à faire un pas en avant ? Et encore un ? Jusqu'à atteindre vos objectifs ? Je veux vous entendre crier OUI même si vos enfants, conjoint, parents ou hamsters dorment !

Je vous le redis, j'aime le jeu et c'est de cette façon que l'on apprend le plus facilement et que notre cerveau retient le plus de choses.

Pour ce faire, dans chaque chapitre de ce livre, il y aura un mini jeu à faire. Et je vous conseille vivement de le faire. Cela vous aidera dans votre apprentissage de l'épanouissement. Ils sont simples, mais efficaces. Vous n'avez besoin que d'une ou plusieurs feuilles A4 et d'un stylo. Je vous recommande la feuille et le stylo et non la tablette ou l'ordinateur. Écrire via un stylo aide à mieux retenir et laisse une marque dans le cerveau plus importante.

Il y a dans ce livre douze chapitres. Cela vous rappelle quelque chose ? Oui, douze chapitres comme les douze travaux d'Hercule. Tout comme lui a dû surmonter des épreuves pour prouver sa force et sa détermination, vous allez, au fil de ces pages, relever vos propres défis. Au cours de ces douze chapitres vous allez apprendre, découvrir et approfondir des connaissances afin de vous épanouir et réveiller en vous vos rêves enfouis, prendrez conscience de votre pouvoir afin de contrôler votre existence et comment devenir le héros de votre vie.

Tout au long de ce livre, *une énigme secrète est dissimulée à travers chaque chapitre.* À mesure que vous avancerez dans votre lecture, vous découvrirez des *indices* menant à un mot unique, un mot qui détient la clé pour atteindre vos rêves et les concrétiser. Ce mot n'est pas simplement une réponse, mais un véritable secret qui résume l'essence même de la réussite et de l'accomplissement personnel.

Je vous invite donc à lire ce livre avec attention, à analyser chaque passage et à relever les indices disséminés au fil des pages. Ce voyage ne sera pas seulement une quête de connaissance, mais aussi un défi ludique et stimulant. Saurez-vous percer le mystère et découvrir ce mot qui pourrait transformer votre vision et votre vie ?

Maintenant que le jeu de la vie commence ! Bon courage. Vous allez y arriver !

CHAPITRE 1 : POURQUOI CHANGER ?

Vous vous demandez sûrement pourquoi il faudrait changer. Est-il possible de s'améliorer ? Quels sont les signes d'un besoin d'évolution ?

Vous avez un travail, un logement, votre voiture et votre petite routine. Déjà, sachez qu'en ayant tout ça, vous êtes déjà plus riche, plus à l'abri qu'un grand nombre de personnes sur cette terre. Mais cela ne veut pas dire qu'il faut en rester là.

Vous dormez bien, mais vous êtes constamment fatigué. Vos jours se ressemblent, il vous arrive d'être irritable facilement. Vous commencez une activité, mais vous l'arrêtez en cours de route. Il vous arrive de mentir, même pour de petites choses banales. Un léger petit imprévu prend des ampleurs incroyables, vous êtes là sans être là. Je pourrais continuer comme ça pendant encore quatre ou cinq pages, mais mon but n'est pas de vous rendre triste, bien au contraire. Je suis là pour vous aider à prendre conscience des choses.

Tous ces signes peuvent sembler anodins individuellement, mais accumulés au fil du temps, ils finissent par devenir un véritable fardeau.

N'oubliez pas que vous n'avez qu'une vie. Beaucoup de mes patients, une fois face à la maladie, regrettent d'avoir perdu du temps dans des choses anodines. Ils regrettent d'avoir continué un métier qu'ils n'aimaient pas, de ne pas avoir passé plus de temps avec un parent ou leurs enfants.

Je ne vous demande pas de quitter votre emploi (pas vraiment) ou de quitter votre conjoint(e). Ce que vous pouvez faire en revanche, c'est un contrôle technique de votre vie afin de savoir où vous en êtes physiquement, psychologiquement et émotionnellement.

Pourquoi votre voiture a-t-elle droit à une révision tous les ans, mais pas vous ? Pour pouvoir changer, il faut déjà prendre conscience qu'il doit y avoir un changement. Encore une fois, vous n'attendez pas que le pneu de votre voiture soit crevé pour le changer ou faire le plein d'essence une fois en panne. C'est exactement pareil pour vous.

Chacun sa vie

La raison de changer est propre à chacun, ne cherchez pas à faire comme la meilleure copine ou comme le voisin. Ne vous comparez pas non plus à ceux que vous voyez sur les réseaux sociaux. Les réseaux, oh, mon dieu ! Une porcherie de faux semblants. Très peu de choses sont vraies sur Internet.

Il faut savoir faire le tri. Mesdames, la jolie mannequin que vous voyez en photo sur Instagram en maillot de bain, taille 34, avec les longs cheveux lisses, elle n'existe pas, ou si vous préférez, elle n'existe quasiment pas. Retouche photo, maquillage, il y a peu de choses naturelles ! Cela est valable pour vous aussi, messieurs. Les gaillards que vous voyez sur les réseaux ne sont pas réels.

C'est à vous de prendre les choses en main, et ne cherchez pas de formule magique, de lampe avec un grand génie, ni de boule de cristal. Il n'y a pas de magie dans le changement, soit vous prenez les choses en main, soit vous restez là où vous êtes. Personne ne peut le faire pour vous.

Le changement demande des efforts. Se reconstruire n'est pas chose facile, il y a une part d'inconfort. Mais cela en vaut la peine, c'est un mal pour un bien.

Changement interne

Un changement doit avant tout venir de l'intérieur de vous. Certaines personnes peuvent avoir des problèmes de santé, problème de thyroïde, diabète et bien d'autres. Ce paramètre peut être une difficulté, mais je ne pense pas qu'il soit insurmontable. Il n'y a pas de formule magique pour un changement dans la vie. Nous ne sommes pas encore à l'époque où il nous suffit d'avaler une pilule afin de maigrir de quinze kilos en cinq minutes, ni même d'apprendre une nouvelle langue en connectant une clé USB dans notre oreille. Le jour où cela sera aussi simple et efficace sans effet secondaire, je vous autorise à refermer ce livre, avant ça lisez-le encore et encore.

Prenez vos responsabilités, mesdames et messieurs. Si vous cherchez la personne qui va changer votre vie, vous n'avez qu'à regarder dans un miroir. Oui, c'est une phrase simple, mais tellement vraie, il n'y a que vous pour vous changer vous-même. Vous aurez beau lire tous les livres de développement personnel si l'action ne vient pas de vous, vous n'irez nulle part, je le répète.

Ce n'est pas simple de changer des habitudes de vie, mais cela ne requiert pas non plus une force herculéenne ni même d'avoir le mental d'un grand moine tibétain. Vous devez savoir une chose pour commencer, si vous avez reconnu avoir besoin de changement dans votre vie c'est que vous avez déjà fait un grand pas en avant.

De nombreuses personnes passent à côté des signes de leur propre malheur, souvent parce qu'ils sont trop « occupés » ou craignent ce que cela pourrait impliquer. Il y a une phrase de nos jours qui dit « On sait ce qu'on quitte, mais on ne sait pas ce qu'on trouve ». Je trouve cette idée trop conservatrice, c'est-à-dire qu'elle met le doute en tête des personnes qu'il ne faut pas changer de vie même si elle nous déplait. Faut-il vraiment rester dans un lieu, une position ou des habitudes néfastes par peur du changement ?

L'inconnu fait peur me direz-vous, mais encore une fois peut-être que cette vie inconnue sera plus belle que l'inconfort que vous vivez à cet instant. Imaginez-vous jouer au loto et avoir une chance sur deux de gagner cent trente millions d'euros, ne tenteriez-vous pas votre chance ?

Ne perdez pas votre temps, la vie est longue et courte en même temps. Assez longue pour faire plusieurs essais et courte en même temps donc faites tout pour qu'elle soit meilleure. Vous pouvez être fauché par une voiture demain en traversant le passage piéton ou une simple chute à domicile peut vous rendre tétraplégique.

Prenez conscience de vos vrais problèmes. Vous en avez marre de marcher pour aller travailler ? Imaginez-vous en fauteuil roulant, dans l'impossibilité de vous mouvoir comme bon vous semble. Vous n'êtes pas heureux de ne pas avoir la dernière paire de chaussures à la mode ? Et si demain vous perdiez vos deux jambes, qu'en avez-vous à faire d'avoir des chaussures ?

Il y a des problèmes bien plus graves et nous nous focalisons sur les mauvais problèmes. La santé est l'une des choses, si ce n'est la chose la plus importante qu'il existe sur cette terre. Sans santé vous n'irez nulle part, même avec tout l'argent du monde si les soins de santé sont inefficaces, vous resterez cloué au lit.

Et comment avoir une bonne santé ? En étant serein et en vivant dans le moment présent. Arrêtez de vous ressasser le passé sans cesse, de vous projeter dans un avenir qui n'existe pas encore. Hier est passé et demain est à venir. Faites une pause, concentrez-vous sur vous-même. Nous sommes aujourd'hui trop focalisés sur les autres. Dès le réveil, nous regardons les stories de gens, regardons nos mails et tout ça avant même de prendre le temps de nous réveiller tranquillement et sans stress. Prenons du recul, cela nous aidera à être plus productif, moins stressé et à avoir confiance en soi.

Le matin, par exemple, vous pouvez vous lever cinq à dix minutes plus tôt, tout simplement pour prendre ce temps pour vous. Sans téléphone, sans enfants ou autre, mais uniquement avec vous-même. Vous vous allongez dans votre canapé, dans le noir, et vous soufflez. Vous vous préparez mentalement à votre journée avec des pensées positives, surtout si vous savez qu'elle va être longue.

Se lever cinq à dix minutes plus tôt peut sembler difficile au début, mais est-ce réellement nécessaire ? Après une mauvaise nuit, ces dix minutes suffisent-elles vraiment à compenser votre fatigue ? Ne vaut-il pas mieux utiliser ce temps pour vous, pour vous préparer et prendre soin de vous ? C'est une habitude qui s'installe avec le temps, et nous y reviendrons plus tard.

Toutefois, il est important de noter que cette routine matinale convient davantage aux personnes qui se sentent productives dès le réveil. Pour ceux qui sont plus efficaces en soirée, il peut être plus pertinent d'adapter ce moment de recentrage à un autre moment de la journée.

Personnellement, cela fait plusieurs mois que je me réveille à des horaires relativement fixes. En maintenant un rythme de réveil constant, même lors de mes jours de repos, j'ai remarqué que mon corps s'adapte mieux et que je ressens moins de fatigue au quotidien.

Cette régularité m'aide à être plus alerte dès le matin et à gagner en productivité, car mon énergie est plus stable tout au long de la journée. Adopter une routine de réveil habituel plutôt que de trop varier ses horaires de sommeil permet au corps de fonctionner de manière plus efficace.

Il n'est jamais trop tard pour agir

Vivez dans le moment présent vous permettra d'être plus serein et de vivre heureux. Si demain vous savez qu'un astéroïde doit s'écraser sur terre, y penser sans cesse ne changera rien, stresser n'y changera rien. Alors le stress est une chose propre à chacun et est une chose incontrôlable, mais il faut savoir que ce n'est pas ça qui fera changer les choses.

Vivre dans le moment présent ne veut pas dire vivre sans penser à son avenir, bien sûr qu'il faut réfléchir à investir dans son futur, mais vous devez faire une différence entre investissements et vous morfondre dans l'avenir. L'un est positif, encourageant et l'autre triste et démoralisant. Vivre dans le présent ne veut pas dire oublier son passé et les leçons que vous avez apprises. « Pour être heureux, il faut éliminer deux choses : la peur d'un mal futur et le souvenir d'un mal passé » ceci est un dicton du philosophe Sénèque.

Comme l'a dit notre ancien président François Hollande, « le changement c'est maintenant » et ce changement peut se faire à n'importe quel âge. Ne vous dites pas « j'ai 40 ans, il est trop tard ». Christian DIOR avait quarante et un ans lorsqu'il s'est lancé. Raymond Albert Kroc, dit Ray Kroc, avait cinquante-deux ans lorsqu'il a lancé la chaîne de restaurant McDonald's ou encore Harland David Sanders, le papa de KFC, a vraiment été connu à plus de cinquante ans.

Et ceci est valable pour les plus jeunes aussi, Mark Zuckerberg avait vingt ans lorsqu'il a repris Facebook. Alors le but n'est pas de devenir multimilliardaire bien évidemment, mais de vous montrer qu'il n'y a pas d'âge pour changer de vie ou pour accomplir ses ambitions.

Une dernière chose avant de résumer ce chapitre, ayez la bonne vision des choses et une perception claire. Je m'explique. Les gens perçoivent l'effort comme quelque chose de coûteux. Ils n'ont aucun problème à payer 30 € chaque vendredi soir pour aller en boîte alors qu'investir 30 €/mois dans un abonnement à la salle de sport leur semble beaucoup plus onéreux. La question que vous devez vous poser, c'est : « Qu'est-ce qui me rapporte le plus à long terme ? » Investir sur votre santé en faisant du sport ou vous détendre en allant en boîte ? La réussite a un prix, à vous de déterminer votre capacité à investir sur vous-même.

Le week-end est fait pour décompresser, mais le sport est un bien meilleur investissement que l'alcool. Un verre occasionnel est acceptable, mais pourquoi ne pas jouer sur votre bien-être physique et mental ? Contrairement aux idées reçues, l'alcool ne résout rien et aggrave l'anxiété.

Prendre une heure de son temps pour lire un livre, faire une balade avec son ou sa bien-aimé(e) et une chose « difficile » apparemment, alors que passé une heure a scrollé est facile.

Faire ses courses et acheter de bons aliments pour manger et finir avec une facture de quarante euros est « trop » alors qu'aller au restaurant et payer une addition au même prix pour une tartiflette pour deux personnes est acceptable.

L'un n'empêche pas l'autre, vous pouvez bien évidemment aller au restaurant pour sortir de vos habitudes et routines du quotidien, vous pouvez sortir avec des amis boire un verre, mais n'oubliez pas que la vie a besoin d'équilibre. Si vous prenez le temps de faire une chose, prenez le temps de faire son opposé.

Faites la fête, mais reposez-vous, buvez de l'alcool, mais n'oubliez pas l'eau, prélassez-vous dans votre canapé, mais faites du sport. Ne faire que l'un ou l'autre déséquilibre la balance de la vie et ce n'est pas ce que l'on cherche. Je suis sportif, mais je ne dis pas non à une bonne raclette. J'aime apprendre des choses, mais j'aime prendre du temps pour me divertir devant un bon film ou une bonne série. Je n'ai rien de plus que vous, et vous n'avez rien de moins que moi. Je cherche à être un meilleur homme chaque jour. Il m'arrive d'écouter certaines choses, mais quoi qu'il advienne, je ne baisse pas les bras.

C'est à vous de jouer

En résumé, la décision de changer de vie ne tient qu'à vous. Prenez conscience de ce qui ne va pas, le manque d'enthousiasme, la fatigue constante, l'insatisfaction généralisée sont des signes qu'il doit y avoir du changement dans votre vie. Chaque problème possède sa solution. Pour vous aider, prenez une feuille blanche et écrivez en gros au centre votre problème et entourez-le. Autour de ce problème, écrivez tout ce qui vous passe par la tête pour le résoudre, même les choses les plus loufoques. Une fois que cela est fait, vos problèmes deviennent moins insurmontables.

Pas de formule magique, mais de l'investissement en vous pour résoudre vos problèmes. Cela vient de l'intérieur pour aller vers l'extérieur.

Faites un brainstorming de votre vie, qu'importe votre âge, qu'importe votre sexe ou votre milieu de vie. Par milieu de vie, j'entends tout votre cadre familial, social, professionnel. Cela inclut vos relations, votre éducation, vos habitudes et tout ce qui peut impacter de près ou de loin votre façon de penser et d'agir. Gardez en mémoire le passé, mais n'y pensez plus. Pensez au futur sans vouloir le précipiter. Vivez dans le présent et focalisez-vous sur vous-même. Pour être apte à rendre service aux autres (enfant, conjoint, parent, ami...), vous devez commencer par prendre soin de votre santé physique et mentale. Comment voulez-vous aider quelqu'un alors que vous avez une jambe cassée et que vous n'arrivez vous-même plus à marcher ? Soyez un pilier pour vous-même et vous le serez pour le reste du monde.

Vous ne grandissez pas quand les choses sont faciles, nous grandissons quand nous faisons *face aux défis.*

Prenez soin de vous autant que vous voulez prendre soin des autres.

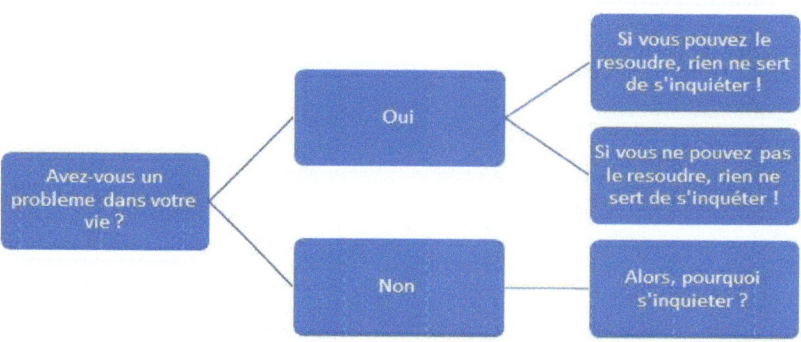

On me dit souvent que je suis trop simpliste, Cyril, mais si les réponses sont simples pourquoi faire compliqué ? Être responsable, intelligent et sérieux ne veut pas dire se compliquer la tâche.

Prendre un sujet, le rendre compliqué et le résoudre n'est pas un signe de maturité ou d'intelligence, mais prendre un sujet compliqué et le résoudre simplement l'est.

Maintenant que nous avons exploré l'importance de reconnaître le besoin de changement et d'adopter une vision plus équilibrée de la vie, il est temps d'aborder un élément essentiel qui soutient toute transformation durable : **la confiance en soi**.

En effet, vouloir changer est une première étape cruciale, mais croire en sa capacité à le faire est ce qui donne véritablement l'élan nécessaire pour avancer.

La confiance en soi est comme les fondations d'une maison, si elle n'est pas solide, cela va être difficile pour avancer vers une vie meilleure. Sans elle, les doutes et les peurs risquent de nous immobiliser, il est normal de douter un minimum, mais encore une fois rien ne se passera si nous ne faisons pas d'essais. Mais rassurez-vous, la confiance n'est pas un don inné réservé à quelques privilégiés ; elle se construit et se renforce, avec patience et introspection.

Ce deuxième chapitre vous invitera à plonger en vous-même, à explorer vos forces, vos faiblesses, et surtout, à identifier les croyances limitantes qui freinent votre épanouissement. À travers cette introspection, vous apprendrez à poser un regard honnête, mais bienveillant sur vous-même, afin de bâtir des fondations solides pour affronter vos défis.

C'est un voyage intérieur qui vous permettra non seulement de gagner en assurance, mais aussi de devenir un allié fidèle pour vous-même. Après tout, qui mieux que vous peut vous guider sur le chemin du changement ?

Mini jeu : « l'histoire alternative ».

Prenez cette fameuse feuille et écrivez un moment difficile de votre vie en y changeant un élément pour que l'histoire devienne positive et/ou drôle. Le but étant de favoriser votre introspection, de vous exprimer librement et de recontextualiser une période difficile de votre vie et transformer la perception de vous-même.

Vous avez trébuché en public et tout le monde a ri, la « honte ».

Dans votre version alternative au lieu de tomber maladroitement vous exécutez une magnifique roulade digne d'un cascadeur suivi d'un merveilleux salto avant et vous vous relevez sous les applaudissements.

Un inconnu impressionné vous propose même de rejoindre un groupe de cascadeurs pour le prochain film Fast and furious !

L'idée est de reprogrammer votre perception des échecs en y ajoutant une touche d'humour et de légèreté. Ce qui semblait embarrassant peut devenir une anecdote amusante ou inspirante !

CHAPITRE 2 : SOI-MEME ET INTROSPECTION

« *Le plus grand voyageur n'est pas celui qui a fait dix fois le tour du monde, mais celui qui a fait une seule fois le tour de lui-même.* » *Gandhi*

Qui êtes-vous ?

Savez-vous vraiment qui vous êtes, ce que vous aimez ou ce que vous n'aimez pas ? Si je vous laisse cinq minutes pour vous décrire, seriez-vous capable de vous présenter ? Il y a de grandes chances que lorsque vous vous présentez, vous vous contentiez d'énoncer des informations basiques comme votre nom, votre âge, votre métier ou votre situation familiale. Mais au-delà de tout ça, qui êtes-vous ? Oseriez-vous vraiment parler de qui vous êtes en profondeur ? Souvent par méconnaissance de soi on reste en surface sans vraiment exprimer ce qui nous définit réellement.

Mais pour se décrire, faut-il encore se connaître. Se faire une fiche d'identité physique et mentale est important afin d'être au clair sur soi et faire une meilleure introspection.

D'ailleurs, qu'est-ce que l'introspection ?

L'**introspection** désigne l'examen réfléchi et approfondi que l'on porte sur ses propres pensées, émotions, comportements et motivations. C'est une démarche personnelle visant à mieux se comprendre, à identifier ses forces (physique et mentale), ses faiblesses, et à explorer ses valeurs ou ses croyances.

L'introspection implique de prendre du recul sur soi-même, souvent dans un moment de calme ou de solitude, pour analyser ce qui se passe en soi. Elle est utilisée dans des contextes variés, comme la philosophie, la psychologie ou le développement personnel, pour favoriser la croissance et la clarté intérieure.

Un exemple simple d'introspection : se poser la question *« Pourquoi ai-je réagi de cette manière dans cette situation ? »*. Vous êtes-vous déjà énervé face à votre enfant qui a renversé son verre d'eau alors que vous veniez à peine de lui mettre des vêtements propres et secs ? Alors que vous saviez pertinemment que cela allait arriver. Avez-vous déjà été agacé par la réflexion d'un(e) collègue ? Alors qu'au fond de vous vous savez qu'elle a tort ? De nombreuses fois, j'ai été catégorisé d'enfant pour ma passion pour les jeux vidéo ou autre, pensez-vous vraiment que je m'attarde à ce genre de pensée ? Non, je préfère me focaliser sur moi, je ne veux pas être la personne que les gens veulent voir, je veux être la personne que je voudrai vraiment être : être moi-même.

Apprenez à gérer vos émotions pour répondre aux situations de manière réfléchie et constructive.

Introspection

Soyez focalisé sur vous en priorité. L'introspection permet de mieux se connaître, de comprendre ses forces, ses faiblesses et ses valeurs. En prenant le temps d'explorer son moi intérieur, on gagne en clarté sur ce que l'on veut vraiment et on prend de meilleures décisions alignées avec soi-même tout en développant une confiance plus puissante.

Selon David Goggins, un auteur à succès et un conférencier motivateur, la conversation la plus importante est celle que l'on a avec nous-même. Donc, discutez avec vous-même. Ne vous mettez pas forcément à parler à haute voix au milieu du métro à l'heure de pointe quand vous sortez du boulot, car il se pourrait que vous finissiez en asile psychiatrique. Prenez le temps de discuter avec votre « vous » intérieur. Nous avons tous à l'intérieur de nous un « moi », un « sur-moi » et un « ça ». Le **Moi**, le **Surmoi et le ça** sont des concepts fondamentaux de la psychanalyse développés par Sigmund Freud, qui a proposé un modèle tripartite de la psyché humaine. Voici une explication détaillée :

- Le **Moi** représente la partie consciente et rationnelle de la personnalité, il agit comme un médiateur entre les désirs instinctifs du **Ça** (les pulsions) et les exigences du **Surmoi** (les normes morales), tout en prenant en compte la réalité extérieure. Exemple : Si quelqu'un ressent une faim intense, le **Moi** va organiser une manière acceptable de se nourrir (acheter ou préparer un repas) plutôt que de voler de la nourriture.

- Le **Surmoi** est la dimension morale et éthique de la personnalité, influencée par l'éducation, la culture et les normes sociales, il représente l'idéal moral, le « juge » intérieur qui surveille et critique les pensées, les sentiments et les actions du Moi. Exemple : Si une personne envisage de mentir pour obtenir un avantage, le **Surmoi** pourrait susciter un sentiment de culpabilité et l'encourager à agir honnêtement.

- Le **Ça** fonctionne selon le *principe de plaisir*, c'est-à-dire qu'il cherche à éviter la douleur et à obtenir une satisfaction immédiate de ses désirs. Il n'a aucune considération pour la réalité, la logique, ou les contraintes sociales et morales. Sa seule préoccupation est la gratification instantanée des besoins, après avoir succombé au ça, nous nous demandons souvent « pourquoi j'ai fait ça ».

Imaginons une personne qui ressent une attirance pour un partenaire déjà engagé dans une relation.

- Le **Ça** pousse à exprimer immédiatement cette attirance sans se soucier des conséquences sociales ou éthiques.

- Le **Surmoi** intervient en rappelant que cette action est moralement répréhensible et socialement inacceptable.

- Le **Moi** essaie de trouver une solution intermédiaire ou rationnelle, comme ne pas agir sur cette attirance ou transformer l'énergie du désir en une autre activité.

En résumé : Le **Ça** est l'élément instinctif et inconscient de la personnalité, gouverné par le principe de plaisir et centré sur la satisfaction immédiate des pulsions. Bien qu'il soit essentiel à la vie et au dynamisme psychique, il doit être équilibré par le **Moi** et le **Surmoi** pour permettre une vie sociale et morale harmonieuse.

Le **Moi** est souvent sous pression, car il doit gérer les pulsions du **Ça**, les interdictions du **Surmoi**, et les contraintes de la réalité. Si le **Surmoi** est trop strict, cela peut entraîner une personnalité rigide ou des sentiments excessifs de culpabilité. Si le **Surmoi** est faible, les désirs du **Ça** peuvent prendre le dessus, entraînant un comportement impulsif ou antisocial.

Pourquoi je fais un cours de psychologie ? Pour vous montrer l'importance de votre « moi » afin de le connaître et de lui trouver un équilibre. Votre « moi » est en constante évolution, il n'est pas figé, ce n'est pas parce qu'aujourd'hui vous êtes comme vous êtes que vous le resterez à vie.

L'introspection permet d'harmoniser les différentes parties de notre conscience :

– En contrôlant le Ça, nous comprenons nos désirs bruts et nos pulsions profondes

– En écoutant le Surmoi, nous identifions les normes et les valeurs qui nous influencent

– En développant le Moi, nous trouvons l'équilibre entre nos forces et faiblesses, ce qui nous aide à prendre des décisions plus alignées avec notre véritable identité et à mieux naviguer dans la vie.

Une bonne vision

Comme dit dans le chapitre précédent, un changement arrive à n'importe quel âge si tant est qu'on le désire profondément. Donc faites des mises à jour de votre « moi ». Pensez bien à avoir votre « moi » personnalisé. Car nous voulons souvent ressembler au reste du monde. Certaines personnes qui nous entourent portent des masques, alors n'essayez pas de leur ressembler. Soyez vous-même, soyez authentique en trouvant l'équilibre en vous, cela rayonnera naturellement à l'extérieur.

Soyez focalisé sur vous, écoutez vos amis, vos proches, ils sont de bons conseils, mais écoutez-vous en priorité. Votre point de vue et votre vision du monde sont uniques. Naturellement, vivre en société implique un degré de conformité et de règle pour éviter le chaos, mais cela ne signifie pas que vous devez façonner vos pensées pour qu'elles correspondent à celles de tous les autres. Restez fidèle à votre façon de voir les choses.

Et ce n'est pas parce que votre vision est différente qu'elle est forcément fausse. Nous avons tous notre point de vue selon nos croyances, notre éducation et notre façon de penser. Un autre exemple :

Quel chiffre voyez-vous ? un six ? Pour moi, c'est un neuf. Qui de nous a raison ? Retournez votre livre et vous verrez que j'ai aussi raison. Nous avons tous les deux raisons et aucun de nous à tort, cela dépend juste de notre point de vue.

Tout cela pour dire que vous devez, et je le répète, être centré sur vous. Vous avez 35 ans, mais vous vous sentez bien chez vos parents, soit ! vous n'avez pas l'envie d'avoir des enfants ou d'être en couple, car vous vous sentez mieux seul, soyez seule !

Nous passons une grande partie de notre vie à avancer sans toujours savoir dans quelle direction. Pris dans le tourbillon des obligations, des attentes des autres et des distractions, il est facile de perdre de vue ce que nous voulons réellement. Pourtant, pour s'épanouir, il est essentiel de se reconnecter à ses désirs profonds et de se défaire de ce qui ne nous sert plus.

Savoir ce que l'on veut est la clé pour respecter nos choix, cela nous aide à prendre de meilleures décisions, éliminer les sources de stress inutiles (ce que pensent les autres) et créer une vie qui vous ressemble. Nous nous forçons à faire des choses par obligation et non par envie alors que nous oublions nos rêves même les plus simples ?

Je suis fan de jeux vidéo, d'animation japonaise et de mangas et pourtant beaucoup cacheraient cette passion par peur du regard des autres. Pour moi, c'est un moyen de me détendre après le travail et d'échapper aux pressions du quotidien.

Ce que je veux, c'est garder ce lien avec un univers qui me fait du bien mentalement. Ce que je ne veux plus c'est entendre que jeux vidéo et mangas sont forcément néfastes. Bien sûr comme pour tout l'excès n'est pas bon. Passer neuf heures par jour devant un écran n'a rien de sain. L'essentiel, c'est de trouver un équilibre.

Le bon chemin

En prenant des décisions mieux orientées vers nous-même, en éliminant le stress inutile, et en construisant une vie qui nous ressemble, cela nous aide à atteindre nos objectifs de calme et paix intérieure.

C'est un trio à ne pas séparer : ils se nourrissent mutuellement. Plus vous êtes aligné(e) avec vos désirs profonds, plus vous prenez des décisions éclairées, réduisez le stress et créez une existence épanouissante. Ce processus est un cadeau que vous vous faites à vous-même, un pas vers une vie riche de sens et de bonheur.

En faisant cette introspection, faites la liste de vos réussites. Car bien évidemment, il y en a. Un diplôme, une voiture, une maison ou un appartement, des enfants, un changement d'état d'esprit, la liste est longue et c'est à vous d'en trouver un minimum de cinq. Me concernant, voilà mes cinq réussites :

- Mon baccalauréat (du premier coup, cela a bien surpris ma prof principale d'ailleurs, donc double réussite).
- Mon diplôme d'État infirmier et mon diplôme universitaire.
- Mes réussites de ceinture au krav maga (ceinture bleue).
- Avoir été choisi comme président de mon club d'athlétisme
- Ce livre (alors que j'avais 5 de moyenne en orthographe)

Une fois votre liste terminée, prenez l'habitude de les relire chaque semaine. Cela vous aidera à garder le cap sur ce que vous voulez vraiment et à éliminer progressivement ce qui ne vous sert plus.

Relisez aussi votre liste de réussite lorsque vous n'avez pas le moral, cela vous montrera que vous êtes plus que compétent.

Me concernant, mon introspection s'est faite petit à petit. Étant jeune, je ne m'imaginais pas avec cette confiance en moi, j'étais très craintif. Je me suis forgé grâce aux expériences de la vie (expériences bonnes et mauvaises). En me forgeant un mental et un corps, j'ai appris sur moi. J'ai fait une grande avancée par rapport au moi d'il y a douze ans et j'en suis fière (il faut savoir se jeter des fleurs soi-même).

Je peux encore progresser et je me donnerais les moyens d'y arriver. Donc si je peux y arriver, vous aussi. Je suis passé d'un élève qui ne voulait pas aller en cours à auteur et multi diplômé. D'un petit garçon qui n'aime pas le sport à un mec qui s'arrache à l'entraînement depuis seize ans.

D'ailleurs petite anecdote, comment me suis-je mis à l'athlétisme ? Tout simplement en faisant une introspection sur moi-même (à l'époque, je ne savais pas que je faisais une introspection). Mon objectif premier n'était pas de faire de l'athlétisme, je voulais juste courir plus vite afin d'attraper mon bus afin d'aller au lycée. J'ai donc réfléchi à plusieurs choses.

Il ne m'était à l'époque absolument pas venu à l'idée de juste partir plus tôt, alors j'ai voulu courir plus vite afin de rattraper mon retard. C'est de là que j'ai eu l'idée de m'inscrire dans le club d'athlétisme de ma ville. En quelques mois, j'ai vite amélioré ma technique de course. Ce qui m'a ensuite permis de rattraper mon bus. Et voir cette évolution en moi, avec mon corps qui a évolué aussi, cela a été le kiff total.

Quelle a été ma transition afin de passer de peu confiant à confiant, de mauvaise élève à professionnel accompli et de peu sportif à très sportif ?

J'ai reconnu avoir des lacunes, et cela a été la première étape. En les identifiant, j'ai pu agir dessus afin de progresser. En constatant mes avancées sportives, cela a déclenché en moi un boost de confiance, car je voyais mes efforts porter leurs fruits. Cette progression m'a alors donné envie de m'améliorer encore davantage, aussi bien dans le domaine sportif que professionnel.

C'est là que s'est enclenché un cercle vertueux. Chaque résultat positif a renforcé ma confiance en moi en me motivant à aller encore plus loin. Plus j'avançais, plus je réalisais que l'évolution était entre mes mains et que tout reposait sur ma capacité à **persévérer**. La réussite tant physique, mentale que professionnelle n'est pas le fruit d'un talent inné, mais d'un engagement constant envers son propre développement.

À travers mon exemple, réfléchissez au vôtre : quelle activité vous apporte du bien-être, et comment pouvez-vous l'intégrer sainement dans votre vie sans craindre le regard des autres ?

Ce chapitre explore la question essentielle du « Qui suis-je réellement ? » et traduit l'importance de l'introspection pour mieux comprendre ce que nous voulons ou ne voulons plus dans notre vie.

Il vous invite à vous découvrir en profondeur afin de vivre en accord avec vos désirs et aspirations. L'introspection y est présentée comme un exercice d'exploration de ses pensées, émotions et motivations, un véritable chemin vers une meilleure connaissance de soi et de ses réactions.

Surtout, ce chapitre souligne l'importance de rester fidèle à soi-même sans vouloir se conformer aux attentes des autres, *qui se dressent* contre vous, tout en trouvant la sérénité dans ses choix.

Maintenant que vous avez exploré qui vous êtes, il est temps d'aller plus loin : savoir qui vous voulez devenir. Le prochain chapitre vous aidera à définir votre vision de vie. Quels sont vos rêves ? Quelles ambitions vous animent ? Comment transformer vos désirs profonds en objectifs concrets ?

Préparez-vous à imaginer et tracer le chemin qui vous rapprochera de la personne que vous aspirez à être. Parce que se comprendre, c'est bien, mais savoir où l'on va, c'est encore mieux !

Imaginez un instant que vous ayez la possibilité de devenir la personne que vous avez toujours rêvé d'être. Que feriez-vous aujourd'hui pour faire de ce rêve une réalité ? Êtes-vous prêt à découvrir ce que votre futur vous réserve.

Mini jeu : À la découverte de soi

Prenez une feuille et divisez-la en deux colonnes. Dans l'une des deux colonnes en haut écrivez « ce que je veux » et dans l'autre vous l'aurez deviné écrivez « ce que je ne veux plus ».

Afin de vous guider, dans ce que vous voulez noter ce qui vous donne de la joie (les jeux vidéo pour ma part), ce qui vous détend (le sport pour moi) ou toutes autres choses que vous voudriez dans votre vie. Et dans ce que vous ne voulez plus noter les personnes avec qui vous ne voulez plus interagir, un collègue, un voisin ou même un membre de votre famille (je n'ai personne me concernant à vous citer, car j'ai déjà banni ce genre de personne dans ma vie). Il peut être difficile de dire non à certaines choses que l'on ne veut plus. Le moyen est de voir si vous êtes obligatoirement forcé de faire cette chose chaque fois. Pourquoi ne pas le faire une fois sur deux ? c'est un bon compromis

Ce mini-jeu peut sembler simple, mais il est incroyablement utile et enrichissant. La clarté est le premier pas vers l'épanouissement et le développement personnel. En vous demandant régulièrement ce que vous voulez et ce que vous ne voulez plus ou pas, vous apprendrez à écouter votre intuition et à vivre une vie qui reflète vos envies profondes.

CHAPITRE 3 : DEFINIR SA VISION

« Choisissez un travail que vous aimez et vous n'aurez pas à travailler un seul jour de votre vie » Confucius

Une vision de vie est une représentation claire et motivante de ce que vous voulez accomplir, être ou vivre sur le long terme. C'est une sorte de boussole personnelle qui guide vos choix, vos actions et vos priorités dans tous les aspects de votre vie : personnel, professionnel, relationnel, ou même spirituel. Contrairement aux objectifs, qui sont des étapes concrètes et mesurables, la vision est plus large et profonde. Elle incarne le « pourquoi » qui sous-tend tout ce que vous faites.

Imaginez-vous en pleine forêt amazonienne, sans carte ni boussole, vous pouvez avancer, mais vous risquez de dériver sans fin ou de tourner en rond. Une vision de vie joue ce rôle d'étoile polaire : elle vous oriente et donne un sens à vos efforts, même lorsque les circonstances deviennent floues ou difficiles.

Pour définir votre vision de vie, vous avez besoin d'un cadre clair, un outil qui vous permettra de relier vos passions, vos compétences, vos besoins matériels et vos contributions au monde. C'est ici que l'Ikigai, un concept japonais fascinant que j'expliquerai juste après, entre en jeu. Prêt à explorer ce qui donne véritablement du sens à votre vie ? Alors, découvrons ensemble votre Ikigai.

Qu'est-ce que l'Ikigai ?

L'**Ikigai** est un concept japonais ancestral qui désigne ce qui donne un sens à la vie, littéralement « la raison d'être ». Originaire de l'île d'Okinawa, célèbre pour sa population ayant particulièrement une longévité supérieure au reste du monde et étant pleinement épanouie, l'Ikigai incarne l'art de trouver l'équilibre entre passion, talent, contribution au monde et subsistance.

En d'autres termes, c'est ce qui nous donne une bonne raison de nous lever chaque lundi matin, avec enthousiasme et énergie. Imaginez une vie où notre cœur, nos compétences, nos besoins financiers et nos aspirations profondes convergent en un point unique : c'est ça notre Ikigai.

Schéma Ikigai :

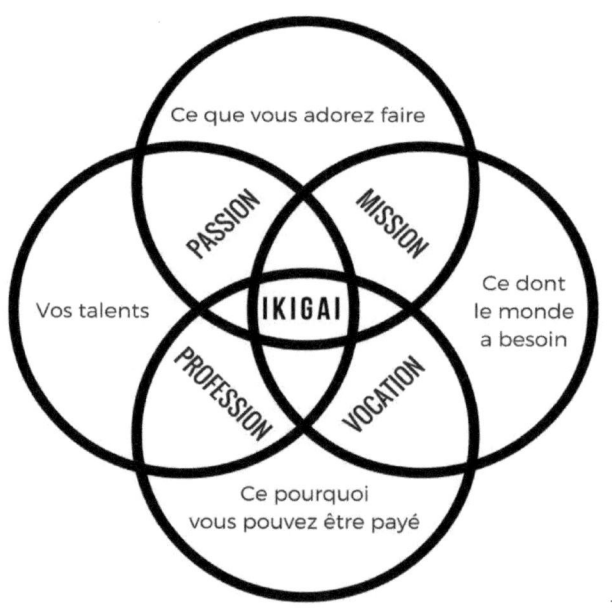

Les quatre piliers de l'Ikigai

[1]https://www.google.com/url?q=https://www.charlesrichardson.fr/la-methode-ikigai-donner-un-sens-a-son-emploi/&sa=D&source=docs&ust=1741789785826744&usg=AOvVaw18xuMQamN7k37AalZkjBYs

L'Ikigai se trouve à l'intersection de quatre dimensions essentielles :

1. **Ce que vous aimez** (*Passion*) : Ces activités qui illuminent votre journée.

2. **Ce dans quoi vous êtes bon** (*vocation*) : Les talents et aptitudes qui font de vous une ressource unique.

3. **Ce pour quoi vous pouvez être payé** (*Profession*) : Les activités qui garantissent votre subsistance.

4. **Ce dont le monde a besoin** (*Mission*) : Ce que vous apportez de positif autour de vous.

Lorsque ces quatre éléments convergent, vous entrez dans un état d'équilibre rare où travail, plaisir et impact personnel s'unissent harmonieusement. Trouver son Ikigai c'est donner un vrai sens à sa vie. Se lever chaque matin avec une motivation profonde et l'envie d'avancer. Lorsque passion, mission, vocation et profession s'alignent, tout devient plus limpide, c'est-à-dire moins de stress, plus de confiance et une meilleure résilience face aux défis. L'Ikigai n'est pas juste un concept, c'est une boussole qui guide vers l'épanouissement total.

Pour faire le parallèle avec les mangas, les héros de mes animés favoris avaient tous un but, un désir, autrement dit un Ikigai. Ce n'est que de la fiction, mais j'ai voulu retranscrire leurs paroles qui ont résonné et que j'ai ensuite appliquées dans ma vie. Je ne compte pas devenir le super héros de ce monde ou éradiquer le mal, mais j'ai adopté leur volonté de fer et l'ai incorporé dans mon esprit.

Trouver son Ikigai n'est pas un privilège réservé aux héros de fiction ou aux sages d'Okinawa. Nous aussi, nous avons cette capacité en nous. Commencez par réfléchir à ce que vous aimez, à ce qui vous anime. Demandez-vous quelles compétences vous apportent de la satisfaction et ce que vous pourriez offrir au monde tout en gagnant votre vie.

Ne cherchez pas à sauver le monde de tous les maux, l'Ikigai est propre à chacun par rapport à vos connaissances et compétences. Si vous êtes doué pour conduire, soyez chauffeur de taxi. Si vous voulez plus de responsabilités, vous pouvez même monter votre propre agence de taxi.

Nous serons bientôt dans un boom de personnes âgées dans quelques années. Si vous êtes sociable, patient, à l'écoute et tendre pourquoi ne pas vous lancer dans l'aide à la personne ? Si vous êtes passionné par les mathématiques, pourquoi ne pas enseigner cette discipline à vos élèves de façon joviale ?

Les métiers d'enseignant, de taxi ou d'aide à la personne sont des métiers difficiles de nos jours. Se lever tôt et sortir de notre lit est rudement compliqué, nous le savons tous. Mais si nous le faisons pour vivre notre rêve, notre passion, cela se fait avec plus grande facilité.

Il vous arrivera parfois de manquer de motivation, et c'est tout à fait normal. Personne ne peut être à 100 % chaque jour. Certains jours, il sera nécessaire de faire une pause et je vous encourage vivement à la prendre. Une fois reposé, vous pourrez repartir avec encore plus d'énergie et de détermination.

Imaginez-vous avancer chaque jour avec la certitude que vos actions ont du sens, que vous progressez vers une vie alignée avec vos valeurs et vos rêves. Je voudrais vous parler de Naruto, un manga emblématique créé par Masashi Kishimoto. Racontant l'histoire de Naruto Uzumaki, un jeune ninja rejeté par son village, mais animé d'un rêve inébranlable ; devenir Hokage le plus puissant des ninjas. Malgré les épreuves et les échecs, il progresse grâce à sa détermination, son travail acharné et son optimisme sans faille. Son parcours illustre parfaitement l'idée que peu importe d'où l'on part avec persévérance et passion, on peut accomplir de grandes choses. Tout comme Naruto, votre voyage aura des défis, mais chaque pas sera un pas vers une version meilleure et plus accomplie de vous-même. Comme l'a dit Nelson Mandela : « je ne perds jamais : soit je gagne, soit j'apprends ».

Même dans la difficulté se cache une opportunité de grandir, car chaque épreuve forge la force et la résilience.

Vous n'êtes pas seul dans cette quête, et chaque effort que vous faites pour découvrir et vivre selon votre Ikigai vous rapproche d'une vie épanouie. Alors, êtes-vous prêt à trouver ce qui vous fera vibrer chaque matin ? Prenez le temps, explorez, et construisez votre propre légende.

Notre vision est unique, cependant il se pourrait que d'autres personnes puissent avoir les mêmes envies que nous. Nous ne sommes jamais seuls.

De plus, les Japonais disent que l'Ikigai doit se trouver tard dans la vie et que nous ne devons pas naître avec. Donc encore une fois, il n'est pas trop tard. Vous devez le trouver au cours de votre vie, car c'est via les expériences de la vie que l'on apprend une multitude de choses. Trouver son Ikigai demande du temps, de l'exploration et de la remise en question ce qui permet de mieux comprendre ce qui nous anime réellement.

Sur votre chemin

Maintenant que nous avons exploré ce qui donne du sens à notre vie grâce à l'Ikigai, il est temps de passer à l'étape suivante : traduire cette vision en décisions concrètes. Avoir une vision, c'est comme avoir une boussole qui nous indique une direction, mais pour avancer, il faut choisir les bons chemins à chaque croisement. Et parfois, ces choix peuvent sembler écrasants. Comment savoir si une décision nous rapproche vraiment de notre vision ou si elle nous en éloigne ?

C'est ici qu'intervient la méthode 10/10/10. Simple, efficace et puissante, cette méthode nous aide à prendre des décisions en tenant compte non seulement de l'immédiat, mais aussi des impacts à moyen et long terme. Parce que chaque petite action d'aujourd'hui peut devenir une grande victoire demain. Découvrons ensemble cette technique qui peut transformer nos hésitations en choix éclairés.

Cette technique, efficace pour la prise de décision, consiste à évaluer les conséquences d'une décision sur trois temporalités différentes, mais liées.

1. Dans 10 minutes : impact immédiat
2. Dans 10 mois : impact à moyen terme
3. Dans 10 ans : impact à long terme.

Prenons l'exemple d'un déménagement, dans dix minutes nous pouvons prendre la décision d'en parler avec notre conjoint(e), dans dix mois nous serons sûrement en plein déménagement ou même déjà installé dans notre nouvelle maison ou notre nouvel appartement avec nos nouvelles habitudes. Et enfin dans dix ans peut-être que vous serez en train de refaire cette technique afin d'évoluer encore plus (dans une villa de 600 m², pourquoi pas).

Les avantages de cette méthode sont simples : avoir une perspective équilibrée, c'est-à-dire prendre du recul et éviter les décisions impulsives, diminuer le stress lié à l'inconnu et avoir une clarté des valeurs.

• La perspective équilibrée permet de ne pas nous focaliser uniquement sur l'effet immédiat ou sur les effets à long terme, mais de considérer les deux.

- La réduction du stress en ayant une vision claire des objectifs à venir.
- Une clarté des valeurs en nous aidant à avoir une vision claire de nos objectifs en adéquation avec nos valeurs. Par exemple : limiter au maximum les déplacements en avion quand on veut diminuer son impact carbone.

Arrêtons les excuses

Maintenant que vous avez pris conscience de la nécessité de changer, que vous avez fait votre introspection et que vous avez trouvé où vous êtes sur le point de trouver votre ikigai, il va falloir se lancer. Ne repoussez pas à demain, n'attendez pas la fin des vacances scolaires, ni la fin de l'été et encore moins ces fameuses bonnes résolutions de l'année.

Franchement, soyons honnêtes, s'il vous plait, qui respecte ses résolutions au 1er février ? Personne, nous sommes d'accord.

Une étude menée par l'université de Bristol au Royaume-Uni montre que seulement 12 % des personnes interrogées tiennent leurs engagements de nouvelle année. Parmi tous ceux qui avaient choisi de fumer la dernière cigarette au 31 décembre, 70 % des personnes interrogées ont échoué. Ceux qui souhaitent entamer un régime ont, eux aussi, raté leur coup. Inutile de préciser que devant ces vérités scientifiques, on se dit que prendre une bonne résolution en ce début d'année ne sert finalement pas à grand-chose. Et pourtant, pour les tenir, il suffirait de se montrer raisonnable et avoir un tout petit peu de volonté. [2]

---

[2] https://www.tf1info.fr/culture/video-bonnes-resolutions-pourquoi-elles-sont-si-difficiles-a-tenir-2074801.html

On lève la tête

Pour atteindre nos rêves, il va falloir bosser d'arrache-pied. Je m'inclus dedans bien évidemment, car aujourd'hui je vous écris ce livre, mais mon Ikigai n'est pas encore atteint. Je suis comme vous, en plein apprentissage. Mais je travaille pour atteindre mon objectif final.

Mon rêve ? Faire tomber les barrières et prouver qu'aimer les mangas et les animés n'est pas réservé à une tranche d'âge ou à un groupe en particulier. Dans notre culture, ces passions sont parfois perçues comme immatures alors qu'au Japon, elles font simplement partie du quotidien, aussi bien pour les enfants que les adultes.

Je veux être un pont entre ces deux mondes, reconnu et respecté aussi bien par les passionnés de mangas et d'animation que par ceux qui ne connaissent pas encore cet univers.

Mon objectif est de montrer à tous que ces œuvres regorgent de valeurs inspirantes et motivantes et qu'on peut parfaitement les apprécier tout en menant une vie adulte et épanouie.

Prendre soin de soi est primordial. Comme l'a si bien dit Sénèque : « Commence déjà à être l'ami de toi-même, tu ne seras jamais seul. » En apprenant à me respecter et à m'écouter je me donne les moyens d'être plus épanouis et par extension, d'apporter le meilleur aux autres. Car comment bien donner si l'on ne commence pas par se nourrir soi-même ?

Je ne vous dis pas de laisser de côté tous vos proches jusqu'à votre arrivée dans votre vie de rêve. Sur le chemin qui sera long et où il faudra s'armer de patience, vous aurez le temps d'aider vos proches pendant votre progression. Plus on progresse dans la vie, plus nous avons d'armes. Ces armes nous donneront le moyen de nous défendre et d'aider nos proches. Attention, je ne parle pas d'armes à feu bien sûr, mais d'armes mentales. Plus je lis des livres de développement personnel, mieux je me connais, plus je grandis et mieux j'arrive à aider mon entourage. Cela vous motivera même à continuer de progresser pour les aider encore plus.

Car si nous restons assis dans notre canapé, rien ne se passera, je vous le rappelle.

Si nous voulons atteindre un objectif, nous devons fournir des efforts. Prenons l'exemple de notre enfance : lorsque nous avons appris à marcher, nous sommes tombés de nombreuses fois, mais nous nous sommes relevés encore et encore jusqu'à y arriver. Aujourd'hui, adoptez le même état d'esprit : persévérez et donnez-vous les moyens de réussir. Vous avez appris à lire, à écrire, à compter, possiblement à faire un instrument de musique alors pourquoi vous arrêter alors que le chemin que vous allez prendre est pour votre bonheur ?

Imaginez-vous coincé dans une vie qui ne vous correspond pas chaque jour rythmé par le stress, la frustration et le sentiment d'être à côté de votre véritable chemin et du véritable « vous ». Oui, évoluer et changer demandent des efforts et parfois même de la souffrance, mais rester prisonnier d'une routine qui va à l'encontre de vos valeurs est bien plus destructeur. La douleur du changement est temporaire, celle du renoncement à soi dure toute une vie. Alors, lequel de ces choix est réellement le plus difficile à supporter ?

Tracez votre propre voie, que ce soit au service d'une entreprise ou pour votre propre compte. Il n'y a pas de chemin idéal. L'important est de faire un choix en conscience et d'évoluer si vous en ressentez le besoin. Donc mettez-vous à l'action, car vous n'aurez rien sans rien.

Les résultats viennent après les bonnes actions : pas d'action, pas de résultats. Une équation assez simple à comprendre.

Ne remettez pas vos objectifs et vos rêves à plus tard, plus tard le café est froid, plus tard la nuit tombe, plus tard vos enfants seront grands et sûrement loin de vous, plus tard vos parents ne seront plus là. Et enfin plus tard, vous regretterez de ne pas avoir fait quelque chose.

Les seules choses que nous regrettons vraiment sont les choses que l'on n'a pas faites. Nous pouvons nous en mordre les doigts, car nous n'avons rien fait. Mais nous ne pouvons pas regretter quelque chose que nous avons essayé de faire même si nous avons échoué. L'échec est quelque chose avec une importance phénoménale.

Dans ce chapitre, nous explorons la puissance d'une vision de vie, cette boussole intérieure qui nous guide vers une existence alignée avec nos aspirations profondes. Une vision de vie ne se limite pas à des objectifs ponctuels, mais représente le « pourquoi » derrière nos actions, notre raison d'être. Sans elle, avancer dans la vie revient à marcher dans une forêt dense sans boussole : confus et sans direction.

Pour nous aider à clarifier cette vision, nous avons découvert l'**Ikigai**, un concept japonais inspirant. Originaire d'Okinawa, où les habitants sont réputés pour leur longévité et leur épanouissement. L'Ikigai est l'intersection de ce que nous aimons, ce pour quoi nous sommes doués, ce pour quoi nous pouvons être rémunérés, et ce dont le monde a besoin. C'est notre source de motivation quotidienne, un équilibre entre passion, talent, utilité, et subsistance.

À travers des exemples concrets et des références aux héros de mangas comme Naruto, nous voyons que même si nous ne sommes pas des super héros, nous pouvons trouver notre propre mission. Que ce soit en devenant un chauffeur de taxi passionné, un professeur dévoué ou une personne aidant ses proches, chacun de nous a un Ikigai à découvrir. L'essentiel est d'agir et de se lancer, car une vision sans action reste un rêve.

Enfin, nous abordons la **technique des 10/10/10** pour nous aider à prendre des décisions importantes, en évaluant leurs impacts à court, moyen, et long terme. Nous réalisons que nous ne devons pas attendre le « moment parfait » pour agir. Chaque pas, même imparfait, nous rapproche de notre légende personnelle. Nous sommes encouragés à sortir de notre zone de confort et à transformer nos rêves en réalité, pour nous-mêmes et pour ceux que nous aimons.

Nous avons exploré notre vision de vie et découvert des outils puissants comme l'Ikigai et la méthode 10/10/10 pour évaluer nos décisions. Mais une vision, aussi inspirante soit-elle, ne suffit pas à elle seule. Pour avancer, il faut transformer cette vision en étapes concrètes, mesurables et atteignables. C'est ici qu'interviennent les objectifs SMART (Spécifique, Mesurable, Atteignable, Réalisable et Temporelle).

Comment passer d'un rêve à un plan d'action clair, structuré et motivant ? Comment s'assurer que chaque effort que nous fournissons aujourd'hui nous rapproche de la vie que nous voulons demain ?

Dans le prochain chapitre, nous allons découvrir comment définir des objectifs clairs, précis et efficaces, avec des deadlines qui nous poussent à agir et à réussir. Préparez-vous à transformer votre vision en un véritable plan de conquête.

Il est maintenant l'heure du mini-jeu

Mini-jeu : La boussole de ma vision

Objectif : Identifier les éléments clés de sa vision de vie en s'amusant.

Instructions : Prenez une feuille de papier et dessinez une boussole avec quatre directions principales : **Passion**, **Talents**, **Contribution**, et **Ressources**.

Passion (Nord) : Notez 3 choses que vous adorez faire, même sans récompense. Qu'est-ce qui vous fait perdre la notion du temps ?

Talents (Est) : Identifiez 3 compétences ou qualités naturelles qui vous démarquent. Pensez à ce que les autres admirent chez vous ou ce qui vous semble facile, mais difficile pour les autres.

Contribution (Sud) : Imaginez comment vous pourriez avoir un impact positif autour de vous. Que pourriez-vous offrir au monde ?

Ressources (Ouest) : Listez 3 moyens ou opportunités qui pourraient vous aider à vivre de votre passion et de vos talents (un métier, un projet, une formation, etc.).

Challenge bonus : Reliez les points entre ces directions pour identifier un premier croquis de votre « vision de vie ». Quel est le fil conducteur entre vos réponses ?

Réflexion finale : Prenez quelques instants pour écrire une phrase simple résumant cette vision. Par exemple : *« Je veux vivre une vie où ma passion pour [X] et mon talent pour [Y] contribuent à [Z], tout en m'apportant [R].*

CHAPITRE 4 : SE FIXER DES OBJECTIFS

« Un objectif est un rêve doté d'une échéance. »
Napoleon HILL

Vous avez désormais une vision éclairée de la vie que vous souhaitez construire, cette étoile polaire qui guide vos pas. Mais une vision, aussi inspirante soit-elle, ne suffit pas à elle seule pour nous faire avancer. Imaginez un capitaine ayant un rêve d'explorer des terres inconnues ou de chercher un trésor perdu, mais sans carte ni plan précis et écrit pour y arriver, il risquerait de naviguer sans fin, sans jamais atteindre son but.

C'est là qu'interviennent les objectifs : ce sont les étapes concrètes qui permettent de transformer une aspiration en réalité, un rêve en action. Fixer des objectifs, c'est comme tracer une route sur une carte, avec des étapes bien définies et des délais réalistes. Chaque petit pas devient une victoire, et chaque victoire nous rapproche de notre Ikigai.

Soyons SMART

Dans ce chapitre, vous allez apprendre à transformer vos aspirations en actions concrètes en utilisant une méthode éprouvée : les objectifs SMART. Vous découvrirez comment définir des objectifs clairs, mesurables et motivants, et pourquoi leur associer des deadlines est essentiel pour maintenir le cap.

Êtes-vous prêt à tracer votre propre route vers vos rêves ? Alors, embarquons ensemble dans cette nouvelle étape de votre aventure !

SMART est un acronyme anglais :

Spécifique (Specific) : L'objectif doit être clairement défini et précis. Évitez les termes vagues. Par exemple, au lieu de dire « *Je veux être en forme* », dites « *Je veux courir 5 km sans m'arrêter.* »

Mesurable (Measurable) : L'objectif doit inclure des critères permettant de suivre vos progrès. Cela vous aide à savoir si vous êtes sur la bonne voie ou si des ajustements sont nécessaires. Par exemple : « *Perdre 5 kilos en trois mois* » est mesurable.

Atteignable (Achievable) : L'objectif doit être réaliste compte tenu de vos ressources, de vos compétences et de votre situation actuelle. Il doit vous mettre au défi, mais rester possible. Par exemple, si vous débutez en sport, vous fixer comme objectif de courir un marathon en une semaine est irréaliste.

Réaliste : L'objectif doit être aligné avec vos valeurs, vos besoins et votre vision globale. Il doit avoir du sens pour vous. Par exemple : « *Améliorer mes compétences en prise de parole en public pour obtenir une promotion au travail.* »

Temporellement défini (Time-bound) : Fixez une deadline ou une échéance claire. Cela crée un sentiment d'urgence et vous motive à agir. Par exemple : « *Lire un livre sur le développement personnel d'ici la fin du mois.* »

Imaginons que vous souhaitiez améliorer votre santé :

- **Spécifique** : Je veux courir 5 km.

- **Mesurable** : Je veux courir 5 km en 30 minutes.

- **Atteignable** : Actuellement, je cours 2 km. Avec un plan d'entraînement progressif, je peux atteindre cet objectif.

- **Pertinent** : Cela m'aidera à améliorer ma condition physique et mon bien-être global.

- **Temporellement défini** : Je veux y parvenir dans les 8 prochaines semaines.

Résultat : « *Je veux courir 5 km en 30 minutes dans les 8 prochaines semaines pour améliorer ma santé et mon endurance.* »

Les objectifs SMART sont une boussole pour vous guider et transformer vos ambitions en résultats concrets. Utiliser cette méthode vous permettra d'aborder vos rêves avec un plan structuré et efficace.

Attention aux objectifs non SMART du type « je veux être riche vite ».

Il n'est pas spécifique, donc pas clair. Que veut dire riche ? Combien d'argent voulez-vous ? Pour certaines personnes, avoir dix mille euros est riche, alors que pour d'autres c'est de l'argent de poche.

Il n'est pas mesurable, sans chiffres exacts, à quel moment saurez-vous si l'objectif est atteint ?

Comment l'atteindre vite ? Par quel moyen ? De manière légale ou pas ? Et pour quoi faire ?

Et enfin, cet objectif n'a pas de temporalité, vite veut tout et rien dire en même temps, une année passe rapidement, mais si vous avez besoin d'argent dans quinze jours afin de payer votre crédit cela change tout.

Vous me direz que pour devenir riches nous pouvons jouer au loto, encore faut-il de la chance. Et une fois ce loto gagné, encore faut-il savoir gérer cet argent. Car devenir riche du jour au lendemain n'est pas toujours une bonne chose, car nous pouvons redescendre aussi vite que nous sommes montés.

Un objectif comme celui-ci manque de direction, de structure et d'action concrète. Il conduit à de la frustration, de la procrastination et du coup à l'abandon.

Pour le formaliser en objectif SMART, voici une reformulation : *Je veux économiser 10 000 euros dans les 12 prochains mois en épargnant 20 % de mes revenus mensuels et en développant mon site de e-commerce de vente de figurine de mangas.*

Cet objectif devient clair, mesurable, réaliste et temporellement défini, avec une motivation concrète derrière.

Une fois nos objectifs SMART définis, nous allons prioriser ces derniers. Dans quel intérêt me direz-vous, tout simplement pour optimiser et économiser notre temps, notre énergie et notre argent qui ne sont pas illimités. Cela nous aide aussi à avoir les idées claires afin de hiérarchiser nos actions. Tout cela nous aidera à avoir une bonne efficacité, donc d'avancer dans la bonne direction.

Important ou pas !

Maintenant que vos objectifs sont bien définis, une autre étape cruciale est de savoir les organiser et les prioriser. C'est ici que la matrice d'Eisenhower devient un outil indispensable.

La **matrice d'Eisenhower** est un outil de gestion du temps et des priorités. Elle aide à organiser les tâches en fonction de leur **urgence** et de leur **importance**, afin de mieux gérer son emploi du temps et de maximiser son efficacité. Elle porte le nom de Dwight D. Eisenhower, ancien président des États-Unis, connu pour son organisation rigoureuse.

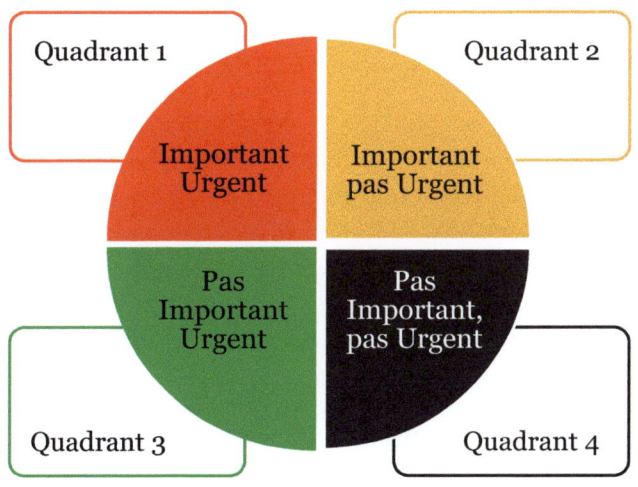

La matrice est divisée en quatre quadrants :

1. **Important et Urgent (Quadrant 1)**

   Ce sont les tâches qui nécessitent une attention immédiate et sont cruciales pour vos objectifs.
   Exemples : gérer une crise, respecter une deadline proche, résoudre un problème urgent.
   Action : Faites-les immédiatement.

2. **Important, mais pas Urgent (Quadrant 2)**

   Ce sont les tâches qui ont un impact significatif à long terme, mais n'exigent pas une attention immédiate.
   Exemples : apprentissage, développement personnel.
   Action : Planifiez-les dans votre emploi du temps.

3. **Pas Important, mais Urgent (Quadrant 3)**

   Ce sont des tâches qui doivent être faites rapidement, mais n'apportent pas de réelle valeur ajoutée.
   Exemples : appels téléphoniques non essentiels, interruptions.
   Action : Déléguez-les si possible. Il suffit de s'entourer des bonnes personnes, de leur expliquer clairement la tâche à accomplir et de leur demander un retour une fois celle-ci terminée, comme une sorte de rapport.

4. **Pas Important et pas Urgent (Quadrant 4)**

   Ce sont des distractions ou des activités sans utilité réelle.
   Exemples : navigation sans but sur Internet, tâches inutiles.
   Action : à limiter.

Il peut être difficile au début de différencier ce qui est important de ce qui est urgent. N'essayez pas du jour au lendemain de maîtriser cette matrice. De plus, les priorités peuvent changer au fil du temps. Ce qui est important aujourd'hui peut perdre de son importance demain. Prenons donc l'habitude de revoir régulièrement nos objectifs (chaque mois ou trimestre) pour nous assurer qu'ils restent alignés avec notre vision et nos besoins actuels.

Par exemple, en tant qu'infirmier en cancérologie, je commence mes journées en faisant une planification de mes soins afin de m'organiser dans ma journée. Je suis le déroulement de ma journée selon la façon dont j'ai organisé mes soins. Mais si en pleine journée un patient se dégrade, je réorganise mes soins selon l'importance de ce dernier. Et certains soins que j'avais pourtant prévus à quatorze heures qui étaient pour moi importantes à dix heures passeront à seize heures.

Au début, j'avais du mal avec cette organisation, comme tout jeune diplômé je pense, mais au fil du temps j'ai appris à prioriser mes soins ce qui me permet d'avoir des journées plus ou moins organisées et tranquilles.

Si vous avez comme objectifs d'améliorer votre santé (important, mais pas urgent) et d'organiser une réunion de travail pour demain (urgent, mais pas forcément important), la santé peut être intégrée dans un plan hebdomadaire tandis que la réunion doit être traitée rapidement.

Pas à pas

Imaginez que votre objectif SMART est comme une montagne à gravir. Si vous essayez de la gravir d'un seul coup, vous risquez de vous épuiser ou de perdre espoir. Mais si vous avancez un pas à la fois, en savourant le paysage à chaque étape, vous finirez par atteindre le sommet, fier de votre progression.

Nous devons y aller étape par étape afin de gravir cette montagne jusqu'au sommet. Plusieurs paliers sont présents avant d'avoir fini un jeu. Lorsque nous étions jeunes avant de savoir courir, nous avons appris à marcher et avant d'apprendre à marcher sur nos deux pieds, nous étions à quatre pattes.

Cela est le même processus afin d'atteindre nos objectifs. Comment voulez-vous construire le toit de votre maison avant même les fondations ? Il faut commencer au plus bas, avant de gravir les étapes et enfin finir en haut de la montagne.

Bill Gates : De l'échec universitaire à la révolution technologique

Bill Gates, cofondateur de Microsoft, est aujourd'hui l'un des hommes les plus influents du monde. Pourtant, son parcours n'a pas été linéaire. Passionné d'informatique dès l'enfance, il abandonne Harvard pour se consacrer à son projet entrepreneurial, un choix risqué qui lui vaudra critiques et incertitudes. À ses débuts, Microsoft essuie des échecs et peine à s'imposer. Mais grâce à sa **persévérance** et sa vision novatrice il transforme l'informatique mondiale en rendant populaire le PC. Sa réussite fait de lui un milliardaire, mais aussi une figure controversée, accusée de pratiques monopolistiques. Cependant, il se réinvente en philanthrope, investissant des milliards dans la santé et l'éducation. Son parcours montre que prendre des risques et apprendre de ses erreurs peut mener à un succès immense, à condition de ne jamais cesser d'innover.

Simone Veil : Des camps à l'immortalité politique

Simone Veil est une figure emblématique du XXe siècle, symbole de **résilience** et du progrès. Déportée à Auschwitz à 16 ans, elle survit à l'horreur des camps de concentration, perdant une partie de sa famille. Marquée par cette épreuve, elle se forge une détermination inébranlable et choisit de consacrer sa vie à la justice et à la politique. Devenue ministre de la Santé en 1974, elle porte la loi légalisant l'IVG (l'Interruption Volontaire de Grossesse) en France un combat qui lui vaut insultes et menaces, mais aussi une reconnaissance historique. Plus tard, elle devient la première femme présidente du Parlement européen consacrant sa carrière à la paix et aux droits humains. Son parcours entre souffrance et triomphe prouve que les épreuves les plus dures peuvent forger une force capable de changer le monde.

Que ce soit Bill GATES ou Simone VEIL, avant d'arriver en tant que grand chef d'entreprise ou femme à la présidence d'un parlement, les étapes ont été longues. Notre but n'est pas de finir aussi puissants que ces gens-là, mais le cheminement reste le même.

Pour chaque étape, nous prendrons le temps de revoir et d'évaluer nos objectifs

Peut-être faudra-t-il modifier certains objectifs, car nous ne sommes pas encore prêts. Peut-être faudra-t-il même faire marche arrière.

Et cette marche arrière est importante. Vous est-il déjà arrivé de prendre le métro dans la mauvaise direction ? Qu'avez-vous fait ? Vous n'êtes pas resté dans la mauvaise direction jusqu'au terminus n'est-ce pas. Non, vous êtes descendu, car cela n'était pas votre objectif. Là, c'est pareil.

Cela renforce la motivation, chaque petite victoire booste la confiance en soi. En cochant une étape, vous voyez votre progrès, ce qui vous pousse à continuer.

Ne cherchez pas la perfection immédiate, améliorez-vous de 1 % chaque jour. Par exemple, si vous travaillez sur un projet professionnel, consacrez-y 15 minutes par jour au début, puis augmentez progressivement. Par exemple, quand je fais du sport je commence avec une barre de 10 kg et j'augmente les charges petit à petit. Quand j'ai commencé à lire des livres de développement personnel, j'en lisais un par mois, maintenant je peux en faire deux (selon sa longueur).

Il est possible que vous ressentiez parfois l'impression de perdre du temps en avançant lentement. Néanmoins, il est crucial de comprendre que prendre son temps est essentiel pour préserver tout ce que vous avez construit. Se précipiter peut souvent mener à des erreurs évitables. Prendre le temps de bien faire les choses permet d'assurer la durabilité et la solidité de vos accomplissements.

Je reprends ma métaphore de gravir notre montagne. Si vous allez trop vite et que vous passez de l'étape 2 à l'étape 6, avez-vous vraiment atteint vos objectifs ? Dans un certain sens oui, mais si vous regardez bien, en arrivant à cette étape 6 vous vous êtes trompé de chemin. Vous avez fini du mauvais côté de la montagne afin de voir le coucher de soleil. Vous n'avez plus qu'à tout recommencer, car vous avez voulu brûler les étapes.

L'étape 2 : Vous vous préparez à la montée. Vous vérifiez votre équipement, regardez la carte et définissez votre itinéraire. Cela correspond dans la vie à l'apprentissage des bases et à la mise en place d'un plan clair avant d'agir.

L'étape 6 : Vous êtes censé atteindre le sommet, mais en allant trop vite vous avez pris un sentier trompeur. Résultat ? Vous vous retrouvez bloqué face à une paroi infranchissable sans la vue que vous espériez.

Chaque étape a son importance : c'est un processus d'évolution qui vous permet d'arriver au sommet, celui qui vous offrira la meilleure vue et la satisfaction d'un travail bien fait.

N'oubliez pas que chaque petite étape vous rapproche de votre étoile polaire, cette vision que vous avez définie dès le début de votre aventure.

Même si le sommet semble loin, chaque pas que vous faites est une victoire en soi. Chaque petite avancée est un rappel puissant que vous êtes en mouvement, que vous refusez de rester immobile face à vos rêves. Peu importe la taille de l'effort, il est la preuve de votre engagement. Célébrez ces instants, car ils sont les pierres angulaires de votre réussite. Souvenez-vous : ce n'est pas la vitesse qui compte, mais la constance. Chaque étape vous rapproche un peu plus de votre but. Et même si le chemin est long, chaque pas est une promesse que vous êtes sur la bonne voie.

Je voudrais rajouter un point avant de conclure ce chapitre. Ce point concerne les deadlines. Il est parfois bien de réduire ces dernières.

Parfois, nous nous fixons des délais trop larges pour accomplir une tâche, alors qu'en réalité elle pourrait être réalisée bien plus rapidement. Prenons un exemple simple : vous attendez vos beaux-parents à 15 h et décidez donc de commencer le ménage à 13 h, vous accordant ainsi deux heures pour tout nettoyer. Mais voilà, coup de théâtre : ils terminent leurs courses plus tôt et annoncent qu'ils arriveront finalement à 14 h. Vous vous retrouvez donc avec seulement une heure pour accomplir la même tâche. Pourtant, malgré ce temps réduit de moitié, vous parvenez à tout faire à temps.

Ce phénomène, connu sous le nom de loi de Parkinson, illustre le fait que plus nous nous donnons de temps pour une tâche, plus elle a tendance à s'étendre. Bien sûr, cela ne s'applique pas à tous les objectifs. Si vous devez répondre à dix mails en attente, pourquoi bloquer tout votre week-end alors qu'un effort intense et concentré de trois heures suffirait pour obtenir le même résultat ?

J'applique moi-même cette approche à l'écriture de ce livre. Mon objectif déclaré est de le terminer en trois mois, mais mon véritable défi est de le boucler en deux. Non pas en me précipitant, mais en me consacrant pleinement à chaque chapitre, en éliminant toute distraction, et en mettant toute mon énergie dans chaque session de travail. En me fixant un délai plus ambitieux, je m'oblige à être plus efficace et à avancer plus vite vers mon but.

Pour résumer ce chapitre, il est clair qu'une vision inspirante est essentielle pour guider nos pas, mais elle ne suffit pas si elle reste floue. Pour avancer, il vous faut :

- Des objectifs SMART
- Établir des priorités via la matrice D'Eisenhower
- Avancer étape par étape

Vos objectifs sont comme des balises sur votre parcours. Prenez le temps de bien les définir et de les suivre patiemment. Même si le chemin semble long, chaque pas compte. C'est cet effort constant, même minime, qui construit les grandes réussites. Chaque effort vous chuchotera *« je suis la force à l'intérieur de toi »*.

Le prochain chapitre sera consacré à l'art de l'organisation et de la gestion du temps. Vous découvrirez comment diviser vos grandes aspirations en petites étapes gérables, prioriser vos tâches, et rester concentré sur une chose à la fois. En progressant avec méthode et constance, vous apprendrez à bâtir vos succès un pas après l'autre, tout en évitant l'épuisement ou la dispersion.

Prêt à passer de la planification à l'action organisée ? Embarquons ensemble dans cette prochaine étape !

Mini-jeu : La Montagne des Objectifs SMART

Pour conclure ce chapitre, je vous propose un exercice ludique qui vous permettra de mettre en pratique ce que vous avez appris. Prenez une feuille de papier et suivez ces étapes :

Tracez une montagne : dessinez une montagne avec plusieurs paliers (au moins 5). Chaque palier représente une étape clé de votre objectif SMART. Au sommet, inscrivez votre objectif final.

Divisez votre objectif : prenez un objectif SMART que vous voulez atteindre. Décomposez-le en 5 sous-objectifs ou étapes intermédiaires qui vous mèneront au sommet. Assurez-vous que chaque étape est spécifique, mesurable, atteignable, réaliste et temporellement définie.

Ajoutez des récompenses : à chaque palier, inscrivez une petite récompense que vous vous offrirez lorsque vous atteindrez cette étape. Cela peut être un moment de détente, une sortie entre amis, ou même un simple « bravo ! »

Planifiez vos actions : notez une action concrète que vous pouvez entreprendre dès aujourd'hui pour gravir la première étape.

Objectif du jeu : En visualisant vos étapes sous forme de montagne, vous transformez votre progression en une aventure ludique. Chaque étape gravie devient une victoire que vous pouvez célébrer !

Exemple : Courir un semi-marathon (21 km) en 6 mois :

Palier 1 — Semaine 1-2 : Se remettre en condition
Objectif : Courir 3 km sans m'arrêter.
Récompense : Une playlist motivante pour mes entraînements.

Palier 2 — Semaine 3-5 : Augmenter l'endurance
Objectif : atteindre 7 km en courant à un rythme régulier.
Récompense : Un bon repas sain et énergisant.

Palier 3 — Semaine 6-8 : Améliorer la vitesse
Objectif : Courir 10 km en moins d'une heure.
Récompense : Une nouvelle tenue de sport.

Palier 4 — Semaine 9-12 : Préparer la distance complète
Objectif : Réaliser un test de 15 km pour simuler la course.
Récompense : Une journée de repos bien méritée.

Palier 5 — Mois 6 : Jour J — le semi-marathon !
Objectif : Courir 21 km et franchir la ligne d'arrivée.
Récompense : Une belle médaille, et pourquoi pas une petite célébration entre amis !

CHAPITRE 5 : ORGANISATION ET GESTION DU TEMPS

« Maîtriser son temps, c'est se maîtriser soi-même »
Voltaire

Avoir des objectifs SMART est un excellent point de départ, mais comment les transformer en actions concrètes et durables ? C'est là que l'organisation entre en jeu. Imaginez-vous devant un puzzle géant (eh oui, encore une référence de jeu), chaque objectif, chaque tâche, est une pièce.
Sans un plan clair, vous risquez de vous disperser, de perdre du temps, voire d'abandonner en cours de route.

Ce chapitre est dédié à l'art de s'organiser pour avancer efficacement et sereinement vers vos aspirations. Nous verrons comment gérer votre temps avec intelligence, commencer petit pour éviter l'épuisement, et rester concentré sur une chose à la fois.

Car, après tout, même les plus grandes réussites commencent par un premier pas bien organisé. Êtes-vous prêt à découvrir les clés d'une organisation qui booste votre productivité et votre motivation ? Alors, embarquons ensemble dans ce voyage vers une vie plus équilibrée et alignée avec vos objectifs.

Top départ

Avoir des objectifs SMART est un bon départ, mais sans organisation, ces objectifs risquent de rester des rêves lointains. Vous pourriez vous épuiser à essayer d'en faire trop d'un coup, ou au contraire ne jamais commencer. La clé est de décomposer vos objectifs et de **commencer petit**.

Non pas parce que votre objectif est trop élevé ou pas bien pensé, c'est juste que vous prenez un mauvais départ. Vous pouvez y parvenir malgré une mauvaise organisation, mais à quel prix ? Perte de temps, d'argent, de motivation et bien d'autres. Je vous rappelle que le temps n'est pas illimité !

Donc notre but va être d'avoir le meilleur départ, car vous savez où vous voulez aller.

Nous allons commencer petit. Cela ne sert à rien de commencer à viser la lune si vous n'arrivez déjà pas à décoller de la terre. Avoir un trop grand objectif peut nous donner la sensation d'être submergé.

L'importance de commencer petit, aura pour effet d'avoir une réduction de notre charge mentale. En décomposant les gros objectifs en deux, trois, six ou même dix étapes, nous pourrons éviter de se sentir accablé par le poids des choses et rendre ces dernières plus digestes.

Par exemple, vous voulez courir un semi-marathon alors que vous êtes un sportif du dimanche. Ce n'est pas possible dans l'immédiat, désolé. Commencez petit, avec des objectifs clairs et un planning adapté. Par exemple, fixez-vous deux à trois kilomètres pour vos premiers entraînements, puis planifiez une augmentation progressive toutes les deux à trois semaines. Ce découpage ne vous submergera pas et vous permettra de rester constant tout en respectant votre emploi du temps.

Un départ chaotique ne signifie pas que vous ne pouvez pas réussir, mais cela vous coûtera cher : en énergie, en temps et parfois en motivation. La solution ? Adopter une approche progressive. Au lieu de viser immédiatement la ligne d'arrivée, concentrez-vous sur le premier pas. C'est ici que « commencer petit » prend tout son sens.

1 % vers 1000 %

En commençant petit, vous allégez votre esprit et évitez l'épuisement. Mais ce n'est pas tout : ces petits pas réguliers peuvent créer une dynamique puissante. C'est ici qu'entre en jeu la règle des 1 %, un concept simple, mais révolutionnaire qui mise sur les petits progrès continus pour atteindre de grandes transformations.

Je vais vous parler de la règle des 1 %.

Cette règle repose sur l'idée que de petites améliorations continues peuvent conduire à des changements significatifs sur le long terme. Plutôt que de viser des transformations drastiques, cette règle préconise de s'améliorer progressivement jour après jour.

Identifiez les domaines à améliorer, dans votre vie personnelle ou professionnelle. Nous prenons en général peu de temps pour nous donc nous essayons de rentabiliser le peu de temps qu'il nous reste pour regarder Netflix ou scroller. S'il n'y avait pas tous les réseaux sociaux, les gens seraient plus concentrés à lire, faire du sport ou prendre du temps pour se détendre. Dans votre vie intime, cela peut être par exemple de dormir plus tôt chaque jour. Nous savons tous que le sommeil est important, mais nous sommes distraits par mille et une choses. Alors que si nous faisions l'effort de nous coucher juste cinq minutes plus tôt chaque jour, nous finirions par adopter une bonne habitude.

Pour suivre vos progrès, je vous invite à écrire ce que vous voulez améliorer dans votre téléphone ou dans un bloc-notes. Cela aura pour but de noter vos victoires quotidiennes, ce qui vous motivera à continuer et à vous surpasser. Cela crée un cercle vertueux de progrès et d'accomplissements.

Un autre exemple, vous voulez apprendre l'anglais. Commencer par apprendre 1 mot par jour, apprendre les bases de la grammaire et vous finirez par pouvoir enchaîner une phrase au fil du temps.

La règle des 1 % est un effet cumulé, un point que nous traiterons plus loin dans ce livre.

Lorsque je me suis lancé dans l'écriture de ce livre, en tant que grand débutant dans la rédaction cela m'a paru infini. Tout simplement, car je voyais ça trop grand. En découpant les étapes déjà par chapitre, ensuite par sous-partie et ensuite par nombre de mots par sous-partie, cela m'a aidé à avoir mon cheminement.

Se lancer dans un projet en voulant faire un maximum en une traite n'est pas possible. Il faut forcément commencer par un petit début. Lorsque nous voyageons par exemple, il est impossible de découvrir tout un pays d'un seul coup. Nous commençons ville par ville (chapitre par chapitre) et ensuite les monuments et quartiers à voir dans ces villes (partie et sous partie).

Nous savons comment découper les étapes, il suffit de voir comment le faire dans nos objectifs personnels et professionnels.

Nous assemblons petit à petit l'ensemble de notre puzzle géant qui a pour thème l'organisation et la gestion du temps.

Notre prochaine pièce est très importante.

On y va !

Maintenant que vous avez appris à vous organiser, à commencer petit et à progresser pas à pas, il est temps de faire le grand saut : passer à l'action. Mais soyons honnêtes, l'organisation seule ne suffit pas. Vous pouvez avoir un plan parfait, détaillé jusqu'au moindre détail, mais si vous ne faites pas le premier pas, tout cela restera une simple idée, un simple fantasme dans votre esprit.

Ce qui permet aux rêves de devenir réel **c'est l'action.**

Comme l'a dit Franklin D. Roosevelt « il y a quelque chose de pire dans la vie que de ne pas avoir réussi, c'est de ne pas avoir essayé »

Une fois que vous avez commencé à marcher vers votre objectif, ne vous arrêtez plus. Il va y avoir moult et moult imprévus, mais continuer. Que vous restiez assis là à attendre où que vous avanciez vers votre but, les problèmes seront présents donc battez-vous. Prenez votre temps, mais allez-y !

Pourquoi ? Car vous vous êtes engagé avec vous-même, ou probablement avec d'autres personnes de votre entourage. Persévérer vous fera gagner en discipline, confiance et satisfaction personnelle.

Plus vous avancez, plus vous enchaînez les étapes et plus vous vous rapprochez de votre but. Vous quittez votre vie routinière pour vous diriger vers votre nouvelle oasis.

L'action crée de l'action. Plus vous agissez, plus vous devenez fort. Finir une tâche, aussi petite soit-elle, vous donne confiance pour passer à la suivante. Et ainsi, vous construisez une habitude puissante : celle de terminer ce que vous commencez. Mais avant d'en arriver là, encore faut-il commencer. Et c'est exactement ce que je vais vous apprendre : à oser faire le premier pas, à dépasser l'hésitation et à vous lancer vers ce qui vous fait envie.

Dans tout changement, il y a forcément de la casse. Vous aurez l'impression de briser certaines habitudes, d'user vos forces, comme si vos chaussures s'abîment sur le chemin de votre objectif. Mais c'est inévitable, comme dans tout déménagement où quelques objets se cassent avant de s'installer ailleurs. Maintenant, posez-vous la question : si vous ne changez rien, si vous restez bloqué dans une vie qui ne vous convient pas, ne finirez-vous pas brisé mentalement à force de ne pas avoir vécu comme vous l'auriez voulu ?

Dans les deux cas, il y a de l'usure. Autant qu'elle serve à avancer vers ce qui vous fait vibrer.

Aller jusqu'au bout d'une chose, aussi infime soit-elle, crée une confiance en soi. Si nous avons réussi à finir ces petites étapes alors pourquoi ne pas réussir celle d'après ?

Cela aura aussi l'effet boule de neige. Nous réussirons une étape lundi, puis une autre mardi et ainsi de suite. Jusqu'à qu'un beau jour, n'importe lequel, nous réussissons le même jour deux étapes. Bien sûr, cela dépendra de la taille de chaque étape, certaines demanderont plus de temps et d'efforts que d'autres, mais l'important est de continuer à avancer.

Prenons une action que beaucoup considèrent comme « pénible » : remplir sa déclaration d'impôts. Une tâche que nous partageons presque tous et que l'on repousse souvent jusqu'à la dernière minute. Mais une fois cette vilaine chose faite, remplie et envoyée, quel soulagement !

Accomplir une action comme ça nous procure un apaisement. Alors imaginez-vous devoir accomplir et atteindre des objectifs qui vous font plaisir à quel point cela peut vous procurer un bien immense.

C'est une vraie libération d'esprit.

Si vous avez du mal à aller jusqu'au bout seul, engagez-vous publiquement. Parlez de vos objectifs à un ami, à votre moitié, un parent ou même votre chat. Cet engagement crée une pression positive. Vous serez plus motivé à aller jusqu'au bout pour tenir parole.

Quels sont les critères pour choisir une personne auprès de laquelle s'engager ? Prendre une personne qui représente quelque chose d'important pour nous et à nos yeux. Quelqu'un qu'on a envie d'impressionner et qui nous motivera.

Vos proches pourront vous aider à accomplir vos objectifs, mais il y aura des jaloux sur votre chemin. Utilisez ces derniers comme trampoline pour atteindre vos objectifs, utilisez les critiques ou les doutes des autres comme une motivation pour prouver votre détermination, utilisez-les pour terminer ce que vous avez débuté et leur faire ravaler leurs mauvaises paroles. Chaque personne possède son propre chemin, évitez les comparaisons et soyez focalisé sur vos objectifs réalistes.

Si une personne vous critique, ne l'écoutez pas. Si une personne vous motive, prenez ce qu'elle dit. Si vous êtes sûr de vos objectifs, qu'ils sont SMART et que vous êtes motivé, ne vous arrêtez pas !

Dites-vous que chaque petite action s'ajoute à la précédente. L'effet cumulé est comme une boule de neige qui grossit à mesure qu'elle descend la pente. Si vous passez à l'action chaque jour, même un tout petit peu, vous constaterez des résultats spectaculaires sur le long terme.

Comme le dit si bien un proverbe japonais :

« *Tomber sept fois, se relever huit.* »

L'idée derrière ce proverbe est que peu importe le nombre de fois ou la vie nous met à terre, l'important est de toujours se relever et de continuer à avancer.

Rester concentré

Nous vivons dans un monde qui regorge de distractions. Notifications, réseaux sociaux, e-mails, obligations... Chaque jour, notre attention est sollicitée des milliers de fois. Pourtant, pour avancer efficacement vers nos objectifs, il est crucial d'apprendre à rester focus.

Une fois vos étapes clairement définies, la véritable transformation se produit lorsque vous les accomplissez une à une. Mais pour que chaque action ait une efficacité optimale, il ne suffit pas de se lancer. Il faut savoir rester concentré, garder le cap, et plonger dans cet état optimal où chaque effort devient fluide et motivant : **l'état de flow**.

L'état de flow, un phénomène ayant été révélé par le psychologue Mihaly Csikszentmihalyi, est un état dans lequel vous êtes tellement absorbé par une activité que le temps semble disparaître. Vous êtes pleinement présent, motivé et performant. Cela m'est arrivé quelquefois en écrivant, j'avais mes notes sous les yeux et j'écrivais en continu. Plus j'écrivais, plus les idées fusaient : je faisais un mélange d'écriture et de prise de notes afin de ne pas oublier mes idées.

Ne vous est-il jamais arrivé d'être tellement absorbé par quelque chose que vous n'avez pas vu l'heure passer ? Voilà ce qu'est l'état de flow. Et c'est de cette manière que vous serez dans votre plein potentiel afin d'atteindre vos objectifs.

Nous pouvons tous être dans cet état, cela n'est pas réservé aux meilleurs tels que Mozart ou Van Gogh.

Pour entrer dans cet état vous devez éviter toute distraction possible, placez votre téléphone dans une autre pièce si c'est possible et sinon mettez-le en mode avion. Ensuite, mettez-vous dans un lieu calme, sans TV.

Si vous préférez, mettez une musique qui vous aide à vous concentrer. Je vous recommande les musiques à une fréquence de 432 Hz qui sont connues pour favoriser la concentration et l'apaisement du cerveau.

Il est assez connu que les musiques avec un minimum de 432 hertz aident à la concentration et apaisent les ondes du cerveau. Faites-vous plaisir sur YouTube, Spotify ou encore Deezer.

Une fois le silence (ou en musique) installé, votre zone de travail organisée, identifiez précisément ce que vous avez à faire. On en revient aux mêmes choses, plus votre objectif est clair et précis, plus il vous sera facile d'être focus et d'être en état de concentration maximale.

Personnellement lorsque je faisais des sessions d'écriture je ne me disais pas « aujourd'hui, j'écris », mais plutôt « aujourd'hui, je finis mon chapitre 4 ».

Si vous avez 52 mails professionnels à traiter, dites-vous qu'entre 14 h et 15 h vous en ferez 10.

Il est dit que si une tâche prend moins de 2 minutes, faites-la immédiatement pour éviter qu'elle ne pollue votre esprit.

Fixez-vous des objectifs équilibrés : trop faciles et ils deviendront ennuyeux. Trop difficiles et ils génèreront du stress et risquent de vous décourager.

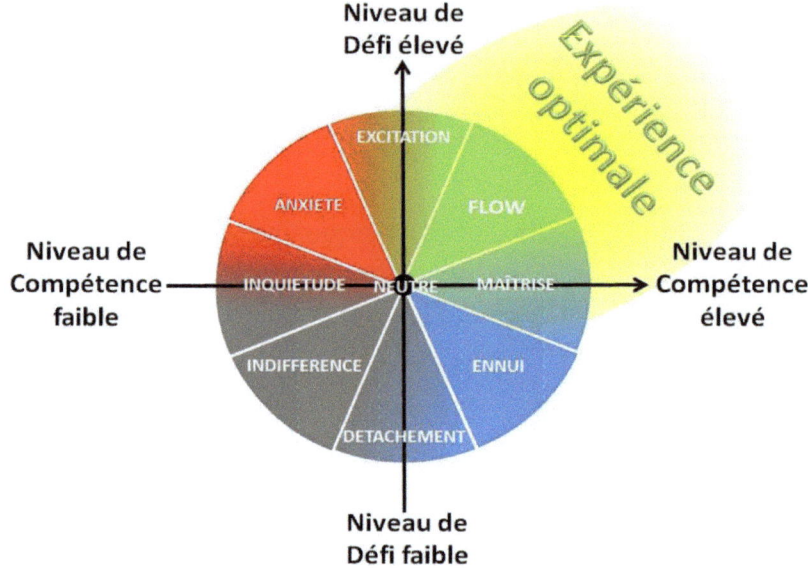

L'image est un diagramme qui représente différents états émotionnels en fonction des niveaux de défi (Niveau de Défi) et de compétence (Niveau de Compétence). Les axes sont étiquetés comme suit :

- Axe vertical : Niveau de Défi avec « faible » en bas et « élevé » en haut.
- Axe horizontal : Niveau de Compétence avec « faible » à gauche et « élevé » à droite.

3https://www.google.com/url?q=https://www.devenir-zen.fr/enquete-de-soi/la-th%25C3%25A9orie-du-flow/&sa=D&source=docs&ust=1741789785577460&usg=AOvVaw3KMHPPILe5KMN9AuCgIqBR

Le diagramme est divisé en huit sections, chacune représentant un état émotionnel différent.

- Excitation — Défi élevé, compétence élevée. Exemple : Vous avez accepté de participer à un concours de talents pour la première fois. Vous avez des compétences intermédiaires dans votre domaine bien que le défi soit grand, vous êtes enthousiaste à l'idée de vous surpasser et de montrer ce que vous pouvez faire.
- Anxiété — Défi élevé, compétence faible. Exemple : Imaginez que vous commencez un nouvel emploi dans un domaine où vous n'avez pas beaucoup d'expérience. Les attentes sont élevées et vous vous sentez submergé par les tâches à accomplir. Cela peut provoquer une sensation d'anxiété.
- Inquiétude — Défi modéré, compétence faible. Exemple : Un étudiant ayant des compétences limitées en mathématiques qui a un examen important à venir. Le défi est modéré, mais il se sent inquiet, car il n'est pas sûr d'être à la hauteur des attentes.
- Indifférence — Défi faible, compétence faible. Exemple : un travail administratif qui ne demande pas beaucoup de compétences et qui n'est pas très exigeant. Le défi est faible tout comme le niveau de compétence dans ce domaine, ce qui entraîne un sentiment d'indifférence, car il n'y a pas de motivation ni de stimulation.
- Détachement — Défi faible, compétence modérée. Exemple : Vous assistez à une formation sur un sujet que vous maîtrisez déjà et le niveau abordé reste trop élémentaire pour vous. Rien ne vous challenge vraiment, et vous écoutez d'une oreille distraite sans réel engagement.
- Ennui — Défi faible, compétence élevée. Exemple : Vous êtes un programmeur expérimenté travaillant sur des tâches très basiques et répétitives. Avec des compétences élevées, mais

un défi faible, cela vous plonge dans un état d'ennui, car il n'y a rien de nouveau ni d'excitant.

- Maîtrise — Défi modéré, compétence élevée. Exemple : Vous êtes un chef cuisinier étoilé préparant un repas pour un groupe d'amis. La préparation du repas n'est pas très difficile pour vous, mais vous prenez plaisir à montrer votre maîtrise de la cuisine et à impressionner vos amis avec vos compétences.
- Flow - Défi élevé, compétence élevée. Exemple : Vous êtes un pianiste expérimenté qui joue dans un concert. Vos compétences sont élevées et le défi du concert vous met dans un état de flow où vous êtes totalement immergé dans la performance et tout semble se passer de manière fluide et naturelle.

La partie supérieure droite, qui inclut « Excitation, « Flow » et « Maîtrise » est mise en évidence avec le texte « Expérience optimale », indiquant que ces états sont considérés comme les plus souhaitables.

Quand vous êtes en état de flow, vous produisez plus en moins de temps. Une heure de travail concentré vaut mieux que trois heures de multitâche.

Être et rester focus demande de l'entraînement. Au début, il sera difficile de travailler sans être distrait. Mais au fur et à mesure que vous pratiquez, vous remarquerez que votre esprit devient plus clair et vos progrès plus rapides.

La concentration, comme tout muscle, se renforce avec le temps. Et chaque moment passé dans cet état de flow vous rapproche de vos objectifs, en vous permettant de travailler avec plaisir et efficacité.

L'état de flow consomme beaucoup d'énergie et il est par conséquent limité dans le temps. Toutefois, vous pourrez augmenter votre amplitude horaire de concentration avec l'expérience, l'inspiration ou le fait de vous rapprocher de votre objectif. Faites des pauses, allez prendre l'air, boire un café ou un thé. Une fois cette pause faite, regardez où vous en êtes afin de savoir si vous prenez le bon chemin et déterminez ce qu'il vous reste à faire afin de vous fixer vos nouveaux objectifs.

Pour résumer ce chapitre, dites-vous qu'atteindre ses objectifs ne se résume pas à les définir avec précision. Pour transformer vos ambitions en réalité, il faut s'organiser et bien gérer son temps. Ce chapitre explore comment décomposer vos objectifs pour éviter l'épuisement, démarrer petit pour créer une dynamique, et adopter la règle des 1 % pour progresser quotidiennement.

Vous découvrirez aussi l'importance de passer à l'action, car un plan parfait sans mouvement reste un rêve. Persévérer, même face aux imprévus, renforce votre discipline, votre confiance en vous et votre motivation.

Enfin, ce chapitre vous initie à l'art de rester concentré. Dans un monde rempli de distractions, apprendre à se focaliser sur une tâche à la fois et à entrer dans l'état de flow — cet état optimal où le temps disparaît et la performance devient naturelle — est essentiel pour avancer efficacement.

L'organisation, combinée à des petites actions régulières et une concentration maîtrisée, vous permettra de transformer vos rêves en réalité, une étape à la fois.

Vous avez maintenant les clés pour organiser vos objectifs et structurer vos efforts. Vous savez qu'il est important de commencer petit, de progresser pas à pas, et de rester concentré pour atteindre vos aspirations. Mais une vérité demeure : tout cela ne suffit pas sans une étape cruciale.

Pour résumer ce chapitre, retenez que réussir à atteindre ses objectifs ne se limite pas à les définir avec précision. Pour transformer vos ambitions en réalité :

1. S'organiser et gérer son temps
2. Adoptez la règle des 1 %
3. Passez à l'action et persévérez
4. Restez concentré et focalisez-vous au maximum.

Il ne s'agit plus seulement de planifier ou de réfléchir, mais d'agir. Vous devez passer du rêve à la réalité, du papier à l'action. Et parfois, il faut se forcer à démarrer, même si l'envie n'est pas au rendez-vous ou si le moment ne semble pas parfait.

Car voici une vérité essentielle : **le « bon moment » n'existe pas.** Attendre que tout soit idéal, que les conditions soient parfaites, revient à rester immobile. Ce sont vos premières actions qui créent les opportunités et mettent votre plan en mouvement.

Dans le prochain chapitre, nous explorerons les techniques et stratégies pour oser se lancer, *qui vous poussent à avancer chaque jour*, même quand c'est difficile, et persévérer face aux résistances. Vous découvrirez pourquoi chaque premier pas compte et comment, une fois en mouvement, l'élan peut vous propulser bien au-delà de vos attentes. Préparez-vous, car le temps d'agir est venu.

Mini jeu « le tri éclair »

« Le tri éclair » : Chronométrez 10 minutes et rangez un espace précis (un tiroir, une étagère) en un temps limité. Choisissez une zone que vous voulez ranger ou réorganiser depuis un moment, mais vous ne l'avez jamais fait par manque d'envie.

L'objectif est de montrer qu'une petite action peut faire une grande différence. En restant focus sur cette étagère ou tiroir. Cela vous fera une petite victoire personnelle qui allégera votre charge mentale.

CHAPITRE 6 : SE FORCER À DÉMARRER

« La meilleure manière de se lancer, c'est d'arrêter de parler et commencer à agir. » Walt Disney.

Vous avez désormais un plan bien établi, des objectifs clairement définis, et des étapes décomposées en petites actions. Mais il y a une vérité universelle : **aucun plan, aussi parfait soit-il, ne vaut rien sans action.**

Trop souvent, nous attendons le « bon moment » pour commencer. Mais voici un secret : **le bon moment n'existe pas.** La vie ne s'arrêtera jamais pour vous donner des conditions idéales. Entre les imprévus, les peurs, et les doutes, le danger est de rester figé dans l'attente.

Ce chapitre est une invitation à briser l'inertie. Il vous apprendra pourquoi le premier pas est toujours le plus difficile, mais aussi le plus déterminant. Vous verrez comment surmonter les excuses qui nous empêchent d'agir et pourquoi le perfectionnisme peut devenir votre pire ennemi.

L'action n'est pas seulement un moyen d'atteindre vos objectifs, c'est aussi une source de transformation personnelle. En agissant, vous créez du mouvement, de l'élan, et finalement, un cercle vertueux de progrès. Alors, préparez-vous : il est temps de quitter le banc de touche pour entrer sur le terrain. Vous êtes prêt à jouer ?

Premier pas

Les premiers pas sont souvent difficiles, nous nous posons beaucoup de questions. Allons-nous dans le bon sens, faisons-nous de la bonne manière et cela est normal de se questionner. Chaque début est plus au moins stressant, car l'inconnu fait peur.

Je ne sais pas si vous êtes comme moi, mais j'ai pour faiblesse l'eau froide. Entrer dans une eau froide est pour moi un supplice énorme. Je pense avoir plus peur de l'eau froide que de sauter d'un avion.

Cette sensation fraîche au niveau des pieds me paralyse, pourtant une fois à l'intérieur de l'eau (lorsqu'elle n'est pas trop froide tout de même) je me sens hyper bien. Mais les premiers pas sont terriblement difficiles. C'est pareil pour toutes les actions de notre vie, les premiers pas sont difficiles, mais une fois totalement engagé peu de chose peut nous arrêter.

La peur de l'inconnu et/ou de l'inconfort est ce qui nous paralyse le plus.

Qu'est-ce que la peur ?

La peur est une émotion universelle et naturelle (aussi bien chez l'homme que l'animal) qui se traduit par une réponse à une menace perçue, qu'elle soit réelle ou imaginaire. Elle agit comme un mécanisme de survie utile pour nous protéger en mobilisant notre corps et notre esprit face à un danger potentiel.

Elle peut se manifester de différentes façons, physiquement (accélération du rythme cardiaque, respiration rapide ou coupée, transpiration, tremblements). Mentalement (amplification des pensées négatives, difficulté à réfléchir clairement, anticipation du pire) et comportementalement (fuite, paralysie).

Cependant, la peur ne se limite pas à un signal d'alarme. Elle peut aussi devenir un frein psychologique, nous empêchant d'agir, de prendre des risques ou d'avancer vers nos objectifs. Lorsqu'elle n'est pas maîtrisée, elle peut nous emprisonner dans l'immobilité ou nous pousser à éviter des situations pourtant essentielles à notre croissance.

En revanche, apprendre à comprendre et à apprivoiser sa peur peut la transformer en une alliée puissante, capable de nous alerter, de nous pousser à nous dépasser, et de nous guider vers une vie plus audacieuse et épanouie.

Nous devons vaincre cette peur qui nous empêche d'avancer et d'évoluer. Il faut sortir de notre zone de confort qui nous fait stagner dans un milieu qui en réalité ne nous laisse pas libre de nos choix et de nos envies.

Elle nous installe dans un faux confort en nous faisant croire que nous avons le choix alors qu'en réalité beaucoup de nos décisions sont influencées, voire dictées par le système. Dès notre plus jeune âge, nous sommes formatés à suivre un chemin préétabli : étudier, obtenir un emploi stable, consommer, payer nos impôts, attendre la retraite. On nous laisse croire que nous décidons de notre parcours, mais nos choix sont orientés par l'éducation, la culture, les médias et les pressions sociales. La liberté que l'on croit avoir n'est bien souvent qu'une marge de manœuvre limitée dans un cadre déjà défini et ceux qui osent sortir de ce cadre sont souvent perçus comme antisociaux ou irresponsables.

Dans chaque pas difficile, nous devons vaincre cette peur qui est aussi accompagnée d'une douleur. La peur et la douleur sont des compagnons indésirables, mais inévitables lorsque nous nous lançons dans de nouvelles aventures ou que nous affrontons des défis importants. Cependant, les surmonter est essentiel pour avancer et grandir. Lorsque nous nous aventurons hors de notre zone de confort, la peur surgit en premier. Cette peur est notre esprit nous protégeant de l'inconnu, tentant de nous garder en sécurité dans des limites familières. Cependant, céder à cette peur signifie souvent rester immobile et ne jamais découvrir ce que nous sommes réellement capables d'accomplir.

En parallèle de cette peur, il y a souvent une douleur psychologique ou physique. Cela peut être le stress de la nouveauté, la douleur des échecs précédents ou même la fatigue due à l'effort supplémentaire requis. Cette douleur est le prix à payer pour la croissance et l'apprentissage. Tout comme un muscle qui se renforce après l'exercice physique, notre **résilience** et notre courage se développent lorsque nous affrontons et surmontons ces moments de douleur.

La douleur

La douleur est subjective, c'est-à-dire que son intensité et sa perception varient d'une personne à l'autre. Elle peut être aiguë (de courte durée) ou chronique (persistante). Elle peut aussi être physique ou psychologique.

Ce qui va nous intéresser le plus ici est la douleur psychologique. Liée à des expériences mentales ou affectives, comme la perte, l'échec ou le rejet. Ce qui va nous intéresser le plus ici est la douleur psychologique. Elle est liée à des expériences mentales ou affectives telles que la perte, l'échec, le rejet, ou encore la peur de l'échec et du rejet. C'est cette souffrance qui peut nous paralyser et nous empêcher de passer à l'action.

Si la douleur est souvent perçue comme une ennemie, elle joue un rôle fondamental : elle nous incite à agir, à guérir, ou à éviter ce qui pourrait nous causer du tort. Cependant, lorsque mal comprise ou non maîtrisée, elle peut devenir un obstacle, affectant notre bien-être et limitant notre capacité à avancer.

En apprenant à l'accepter et à y faire face, la douleur peut être transformée en une source de force et de résilience, nous aidant à mieux comprendre nos besoins et à progresser dans nos défis personnels et émotionnels.

Physiquement, elle nous empêche d'aggraver une blessure : une brûlure nous fait retirer la main du feu, une douleur musculaire nous avertit d'un effort excessif.

Sur le plan psychologique, elle nous signale un déséquilibre et un besoin insatisfait ou une situation qui ne nous convient pas. Une rupture amoureuse, un échec professionnel ou une déception personnelle nous blessent, mais ces douleurs nous poussent aussi à réévaluer nos choix, nos attentes et nos priorités.

On se bouge

Il faut vaincre cette peur et cette douleur qui sont étroitement liées et qui nous empêchent de progresser.

Nous sommes tous plus compétents que l'on pense être. Il faut donc agir maintenant, car en réalité, nous possédons tous une multitude de compétences et de talents cachés qui attendent d'être découverts et développés. Réfléchissez à toutes les fois où vous avez été confronté à un défi et que vous avez réussi, malgré vos doutes. Ces moments sont des preuves réelles de vos compétences. Chaque succès passé démontre votre capacité à apprendre à grandir et à triompher des obstacles. Les compétences ne sont pas statiques, elles se développent avec le temps et l'effort.

Chaque nouvelle expérience est une opportunité d'apprendre et d'acquérir de nouvelles compétences. En adoptant une mentalité de croissance, nous nous permettons de voir chaque défi comme une chance de devenir encore plus compétent.

Que feriez-vous si demain on vous annonce qu'il ne vous restait que deux semaines à vivre ?

Vous feriez probablement vos bagages pour New York, les chutes du Niagara ou encore les pyramides d'Égypte. Pourquoi attendre les deux semaines qu'il nous reste avant de vivre pleinement notre vie ? Arrêtons de gâcher notre temps, nous devons le faire et ne pas abandonner. Encore une fois, nous ne pouvons pas changer ce qui s'est passé, mais nous pouvons changer ce qui va se passer. Le temps est la ressource la plus précieuse que nous possédons. Pourtant, nous avons tendance à le gaspiller en hésitations, en excuses et en procrastination. Chaque instant perdu est un instant qui ne reviendra jamais.

Les douleurs sont temporaires, mais les réussites sont permanentes.

Nous avons tous fait des erreurs dans le passé, mais il faut savoir s'en détacher et avancer vers l'avenir que l'on souhaite.

Se bouger sort de l'ordinaire, mais si l'on veut réaliser nos rêves il va falloir faire des choses extraordinaires.

La plupart des personnes ne font pas ce qu'il faut afin de sortir de l'ordinaire.

Quelle personne voudriez-vous devenir ? Et pourquoi ?

Pourquoi ?

Pourquoi devriez-vous passer à l'action ? Car la théorie sans l'action ne sert à rien. Et, comme l'a dit Paulo Coelho « si vous pensez que l'aventure est dangereuse, essayez la routine, elle est mortelle ».

Rester figé dans votre situation actuelle ne vous préservera pas du temps qui passe ni des regrets qui s'accumulent. Que vous agissiez ou pas, la vie suit son chemin et chaque jour écoulé est un jour qui ne reviendra pas.

C'est en trouvant une raison profondément puissante que vous trouverez la force de surmonter toutes les épreuves.

Avoir un pourquoi à la même importance que d'avoir un ikigai. Un « pourquoi » surpuissant est comme une étoile polaire qui éclaire votre chemin, même dans les moments d'obscurité. Il vous ancre dans une vision plus grande, vous poussant à avancer coûte que coûte pour atteindre vos rêves.

Avoir un pourquoi profond et clair donne du sens à nos efforts tout comme des objectifs bien définis nous motivent à avancer avec détermination. Face aux difficultés, les ennuis, les échecs, le pourquoi nous poussent à continuer. Il transforme les sacrifices en étapes nécessaires pour atteindre quelque chose de plus grand et d'important à vos yeux.

Si notre pourquoi n'est pas assez solide, il ne nous soutiendra pas assez longtemps face aux difficultés que nous allons rencontrer. Tout comme les bonnes résolutions de début d'année, cela ne tient jamais, car les motivations sont souvent bancales.

Un pourquoi surpuissant lui fera de nous un/une combattant(e) prêt à affronter n'importe quel défi. Par exemple, seriez-vous prêt à rentrer dans votre maison ou appartement en feu pour aller récupérer votre tablette ? Non, je ne pense pas. A contrario, serez-vous capable de retourner dans votre maison en feu, car l'un de vos enfants y est resté coincé ? Très certainement. Pour un même problème qui est la maison en feu, mais avec un « pourquoi » différent, les résultats sont totalement transformés. La peur et la douleur ne vous arrêteront pas.

Comme dit au début du livre, nous partageons un même objectif : sortir de notre zone de confort pour échapper au manque d'épanouissement de notre vie actuelle. Soyez conscient de ça, nous n'avons pas besoin d'être parfait pour commencer quelque chose que nous aimons et qui nous passionne.

Depuis tout petit, ma maîtrise de l'écriture et de la grammaire en français était médiocre. Mais un jour, voulant sortir de ma zone de confort et voulant m'ouvrir à un autre monde j'ai décidé d'écrire ce livre. Ce déclic à vouloir être un homme nouveau m'a poussé à rechercher les moyens d'y arriver. C'est comme ça qu'en 2025 je suis devenue auteur d'un livre.

J'ai longtemps cru que l'écriture d'un livre était réservée à une élite. « Qui suis-je pour écrire un livre ? » me répétais-je sans cesse. Je ne savais pas par où commencer, comment structurer mes idées, ni même comment le publier. Cette pensée limitante me bloquait avant même d'avoir essayé.

Et pourtant, après avoir lu des livres puissants comme Les 48 lois du pouvoir de Robert Green, Influence et manipulation de Robert Cialdini ou encore Réfléchissez et devenez riche de Napoléon Hill, j'ai compris une chose essentielle : la seule véritable barrière était celle que je me mettais moi-même. J'avais soif de connaissance et j'adorais apprendre. Mais si je ne passais pas à l'action, tous ces enseignements resteraient des mots couchés sur du papier sans réel impact sur ma vie.

Alors, j'ai pris cette décision : j'allais écrire mon propre livre. Pas parce que j'étais un expert, mais parce que je voulais partager mon parcours, montrer qu'il est possible de se dépasser et d'oser malgré ses doutes. Ce livre, je l'ai écrit pour vous, qui êtes peut-être encore au pied de la montagne, hésitant à faire le premier pas. Ensemble, avançons vers le sommet.

Souvenez-vous, vous n'êtes pas seul. Beaucoup partagent le désir d'une vie meilleure et aspirent à réaliser des rêves longtemps enfouis.

Le seul moyen d'y arriver c'est de démarrer

Airbnb : Les fondateurs Nathan Blecharczyk, Brian Chesky et Joe Gebbia, en manque d'argent, ont commencé en louant des matelas gonflables dans leur salon. Leur idée semblait simple et anodine, mais en testant leur concept avec peu de moyens, ils ont construit une entreprise aujourd'hui valorisée en milliards. Ils n'imaginent pas que cette plateforme deviendrait un phénomène mondial utilisé par des milliards de personnes. Mais en lançant une première version, imparfaite, mais fonctionnelle, ils ont créé une base solide pour des itérations futures.

Vous n'avez pas besoin d'être un expert pour vous lancer. Vous apprendrez en chemin.

Ne restons pas bloqué dans le passé en nous disant c'est trop tard, regardons l'avenir, faisons en sorte que nos projets prennent forme.

Avant d'avoir votre barbecue bien chaud avec toutes les braises allumées, il a bien fallu allumer la première brindille et ensuite vous avez pu commencer à faire vos grillades qui ont permis de démarrer sur un bon repas entre amis ou famille.

Que cela soit Thomas Edison, Marie Curie ou Elon Musk, ils ont tous commencé avec de petites idées, qui ont ensuite révolutionné le monde.

Ce que nous recherchons n'est pas de changer le monde, si c'est votre projet vous le pouvez bien évidemment, je ne suis pas là pour limiter qui que ce soit. Mais si vous réussissez à révolutionner votre vie personnelle, cela sera déjà énorme.

Il y a encore plus grave que de perdre son argent dans la vie, c'est de perdre son temps. Notre temps à tous est limité, soyez conscient de ça encore une fois. Accident ou maladie ne préviennent pas avant d'arriver. Afin de ne pas avoir de regret, c'est à vous d'agir maintenant. Je vois dans mon quotidien des personnes malades qui ont attendu le bon moment toute leur vie et qui aujourd'hui regrettent d'avoir trop attendu.

Le temps est compté

1	2	3	4	5	6	7	8	9	10
11	12	13	14	15	16	17	18	19	20
21	22	23	24	25	26	27	28	29	30
31	32	33	34	35	36	37	38	39	40
41	42	43	44	45	46	47	48	49	50
51	52	53	54	55	56	57	58	59	60
61	62	63	64	65	66	67	68	69	70
71	72	73	74	75	76	77	78	79	80
81	82	83	84	85	86	87	88	89	90
91	92	93	94	95	96	97	98	99	100

Voilà ce qu'on appelle un tableau de vie, chaque case représente une année de notre vie.

Trouvez votre âge et voyez en quoi vous en êtes dans ce tableau, à savoir qu'atteindre le niveau 100 n'est pas donné à tout le monde. Il faut déjà s'estimer heureux de dépasser les 80 ans.

La première partie du tableau en orange représente en moyenne nos années d'études. Ensuite la partie en vert nos années de travail. Celle en bleu nos années de retraite. La dernière partie en grisé est le temps qu'il nous reste à vivre en plus ou moins bonne santé.

En France, en 2018, l'espérance **de vie à la naissance** est de 85,3 ans pour les femmes et de 79,4 ans pour les hommes [1].

Ce tableau et ces chiffres sont là pour vous faire comprendre que le temps n'attend pas, nous avons tous une espérance de vie limitée, que si vous devez passer à l'action rien ne sert d'attendre le bon moment, car il n'existe pas. Un jour, une personne âgée m'a dit qu'il fallait prendre conscience que notre temps est précieux et que nous devions écouter nos passions, que la vie est faite de haut et de bas, mais qu'il fallait garder une attitude positive et rechercher le bon côté des choses et aller de l'avant

Vous devez vaincre vos peurs et vos douleurs, sauter sur les opportunités et y aller coûte que coûte. Si j'avais attendu le bon moment pour écrire ce livre, je ne l'aurais jamais écrit.

Il faut se forcer à démarrer, nous n'avons qu'une vie. Comme l'a dit Confucius « on a deux vies, et la deuxième commence quand on se rend compte qu'on n'en a qu'une »

Cette citation nous rappelle une vérité essentielle : tant que nous vivons dans l'illusion de l'éternité, nous remettrons tout à plus tard.

Les gens passent une grande partie de leur vie, voire toute leur existence piégés, dans une routine où les jours se suivent sans véritable sens ni passion. Ils repoussent leurs rêves, leurs envies et leurs ambitions convaincus qu'ils auront toujours le temps de s'y consacrer plus tard. Mais un jour, un événement — une prise de conscience, un déclic leur fait réaliser que le temps est limité et qu'il est urgent de vivre pleinement.

C'est à cet instant que leur « deuxième vie » commence

Il n'est pas nécessaire d'être parfait pour démarrer. L'essentiel est de passer à l'action dès maintenant, car le véritable danger n'est pas l'échec, mais l'inaction et le regret.

Ce chapitre explore plusieurs points importants :

- L'importance de franchir le cap du premier pas : attendre le moment idéal est un piège.
- La peur et la douleur paralysent, mais ces émotions une fois apprivoisées sont de véritables alliées.

- L'action est essentielle pour créer de l'élan et sortir de la stagnation

- Un pourquoi puissant aide à avoir une motivation profonde capable de surmonter les défis.

Vous venez de faire le premier pas, bravo ! Ce n'était pas évident, mais vous l'avez fait. C'est comme allumer une flamme dans l'obscurité : tout commence par une étincelle. Cependant, pour que cette flamme devienne un feu puissant et durable, il faut l'entretenir. C'est ici que la discipline entre en jeu.

Si démarrer est un acte de courage, continuer est un acte de maîtrise. La discipline, et plus encore l'autodiscipline, est ce qui vous permettra de transformer vos premiers élans en habitudes solides. Elle est la boussole qui vous guide et le moteur qui vous maintient en mouvement, même quand l'enthousiasme s'éteint.

Dans le prochain chapitre, nous plongerons dans ce qui fait la force des esprits résilients : leur capacité à se discipliner, à avancer malgré les distractions et les baisses de motivation. Vous découvrirez des stratégies pour rester aligné avec vos objectifs et des outils pour transformer la constance en superpouvoir.

Vous avez démarré. Maintenant, il est temps de maintenir le cap.

CHAPITRE 7 : SE DISCIPLINER

« Ce n'est pas de savoir ce qu'il faut faire qui est difficile, c'est d'y parvenir à le faire tous les jours » Aristote

Démarrer est une victoire en soi, mais la véritable transformation ne vient pas uniquement du premier pas. Elle se construit à travers la constance, jour après jour, semaine après semaine, action après action. C'est ici qu'intervient la discipline, cette force intérieure qui nous pousse à avancer même lorsque la motivation vacille.

Imaginez un athlète de haut niveau. Ce n'est pas son enthousiasme initial qui le mène au sommet, mais sa capacité à se lever chaque jour, à répéter les mêmes gestes, à s'entraîner malgré la fatigue ou les doutes. De la même manière, dans votre quête de croissance personnelle et d'accomplissement, la discipline est votre meilleur allié.

Dans ce chapitre, nous allons explorer ce qu'est la discipline et comment la cultiver. Vous apprendrez à bâtir des habitudes durables, à résister aux tentations qui vous éloignent de vos objectifs, et à utiliser l'autodiscipline comme un levier pour maximiser votre potentiel.

Prêt à découvrir comment transformer vos efforts en succès durables ? Ce chapitre est une invitation à passer du simple désir de réussir à l'engagement profond qui mène à la réussite.

Définition

La discipline peut être définie comme la capacité à suivre un ensemble de règles, de principes ou de comportements établis dans le but d'atteindre un objectif précis. Elle représente un engagement vers soi-même et se fait via des actions cohérentes, souvent répétitives, qui nécessitent de la persévérance et parfois le renoncement à des plaisirs immédiats au profit de bénéfices à long terme.

Elle se manifeste par la capacité à :

- **Respecter un cadre :** qu'il soit auto-imposé ou externe.
- **Rester constant :** même lorsque la motivation faiblit ou que les résultats tardent à apparaître.
- **Faire preuve de maîtrise de soi :** en résistant aux distractions ou aux impulsions qui pourraient compromettre les progrès.

La discipline n'est pas une contrainte limitante, mais plutôt un outil de libération. Elle permet de structurer vos efforts et de maintenir le cap malgré les défis ou les doutes, en vous rapprochant chaque jour de vos objectifs.

Repensez à votre « pourquoi » et visualisez votre ikigai et vous verrez que la discipline n'est là que pour votre bien.

Le talent

Le talent à lui seul ne suffit pas. Être de nature talentueuse est un atout donné à certains d'entre nous, mais pas à tous. Malgré ce talent inné, sans discipline, travail et persévérance, nous ne dépasserons jamais un certain niveau de connaissance et de pratique. Ceux qui réussissent vraiment sont ceux qui se donnent corps et âme avec talent ou pas.

Si vous n'avez pas de talent inné, ce n'est pas grave, cela ne veut pas dire que vous ne ferez rien de votre avenir. Cela ne signifie en aucun cas que votre avenir est limité. Au contraire en prenant conscience de vos lacunes (réelles ou supposées) vous avez l'opportunité de tout mettre en œuvre pour développer de nouvelles compétences pour votre réussite.

Formation en ligne, en alternance, dans les livres, sur Internet, de nos jours se former est facile si nous sommes assez motivés.

J'ai découvert ma coach d'auteur grâce à TikTok. Certes, Internet a ses défauts, mais c'est aussi une mine d'or en matière de connaissances et de formations. C'est par hasard que je suis tombé sur son contenu, et j'ai tout de suite accroché à sa façon de partager ses connaissances. La rencontrer en personne a été le déclic qui m'a poussé à me lancer.

Avec la discipline, il faut du temps, l'effet cumulé de ces deux principes vous fera atteindre vos objectifs, même si cet objectif est de viser la lune. La mentalité d'aujourd'hui pousse à la consommation et à la gratification immédiate. Sans discipline et sans patience, il vous sera difficile d'avoir des résultats satisfaisants.

Prenons l'exemple de Usain Bolt, multiple champion du monde d'athlétisme sur 100 mètres. Cet homme possède un talent inné pour courir extrêmement vite. Mais il a tout de même dû s'entraîner d'arrache-pied afin de finir au sommet de l'Olympe. La discipline et le temps ont fait de lui l'homme le plus rapide.

La régularité

Ce mot réunit à la fois la discipline, par l'engagement constant dans une pratique, et le temps, par l'idée de continuité et de répétition à travers les jours, les semaines ou même les années. La régularité est le pont entre l'effort discipliné et le passage du temps nécessaire pour atteindre ses objectifs.

C'est cette régularité qui a fait de Usain Bolt le champion du monde. Et c'est cette même régularité qui fera de vous ce que vous aspirez à devenir.

La régularité transforme une tâche difficile en une plus supportable. Faire du vélo est un excellent exemple. Au début, chaque coup de pédale demande un effort considérable l'équilibre est instable et les chutes sont fréquentes. Mais avec de la régularité et de la pratique, ce qui semblait difficile devient un réflexe naturel. Aujourd'hui, vous montez sur un vélo sans même y penser, car votre cerveau et votre corps se sont adaptés grâce à la répétition. Ce qui était un défi hier est devenu une seconde nature aujourd'hui.

Mes premières prises de sang sur des patients étaient d'un stress fou, j'avais peur de faire mal et de rater mes soins. Aujourd'hui après plusieurs années d'expérience, j'arrive maintenant à réaliser ce soin sans soucis et quasiment en automatisme.

C'est la même chose pour la conduite d'une voiture, vos premières heures de conduite étaient éprouvantes, alors que maintenant vous pouvez conduire et tenir une conversation aisément avec vos passagers.

Comment être discipliné

Avant de savoir le « comment », il est crucial de répondre au « pourquoi ». La discipline n'est pas une contrainte, mais une voie vers la liberté. Avec la discipline, nous atteindrons nos objectifs, les mauvaises distractions perdront de leurs pouvoirs et notre confiance en soi augmentera. La discipline nous fera atteindre petit à petit nos étapes qui nous donneront ensuite encore plus de motivation.

Encore une histoire d'effet cumulé, plus de discipline = plus de résultat = plus de satisfaction = motivation = plus de discipline. Plus j'avance dans l'écriture de mon livre, plus je suis satisfait et cela me donne envie de continuer jusqu'au bout.

La discipline est souvent mise à l'épreuve quand la motivation diminue. Afin de surmonter ces obstacles, repenser à votre « pourquoi », cela réactive votre détermination. Ayez dans votre chambre une feuille A4 avec écrit en gros votre objectif, et fixez-le avec plein de pensées positives. Plus le combat est long, plus la victoire sera belle. Une victoire facile est satisfaisante sur le moment, mais elle ne marque pas l'esprit. C'est dans la difficulté, l'effort et la persévérance que la véritable valeur d'un succès se révèle. Plus le chemin est long et semé d'embûches, plus la fierté d'avoir surmonté les obstacles est grande.

Vous ferez sûrement des erreurs dans votre parcours, et certain jour vous aurez beau faire des efforts, vous ne serez pas efficace. C'est normal, prenez votre temps, l'important est de ne pas abandonner et de recommencer sans culpabilité. Lorsque des personnes font un rééquilibrage alimentaire, ils ont le droit une fois par semaine ou une fois par mois à un repas qui leur fait vraiment plaisir. Vous avez aussi droit à ce jour dans la semaine, ou dans le mois. Le plus important est de ne pas laisser tomber complètement, mais juste de prendre du temps pour vous reposer.

Lors de l'écriture de ce livre par exemple, il y a des jours où je n'avais absolument pas envie d'écrire. J'ai donc laissé mon ordinateur éteint et préféré allumer ma console de jeux (j'espère que ma coach ne va pas me tirer les oreilles en lisant ça). Ce qui me permet d'être discipliné sur la durée est le fait est que, de temps en temps, je relâche la pression en faisant totalement autre chose. Cela est tout à fait normal de relâcher la pression de temps à autre, il ne faut juste pas tomber dans une routine ou nous procrastinons à chaque instant. Lorsque je relâchais la pression, je me faisais la promesse de reprendre mon travail à 200 % une fois la pression redescendue.

La discipline n'a pas à être austère, rendez vos tâches agréables en la partageant avec des amis ou des membres de votre famille quand c'est possible. Mettez-y un peu de gaîté en musique (je fais toujours le ménage en musique personnellement) et célébrez chaque petite victoire pour maintenir votre motivation.

Aide à la discipline

Être discipliné reste une tâche difficile j'en conçois, je vous ai parlé de Usain Bolt, mais il n'était pas seul derrière cette régularité. Il avait un coach qui était derrière lui à tous les entraînements, donc c'est simple, faites de même.

Trouvez un mentor ou un coach, rejoignez un groupe ou une communauté motivante, demandait à votre femme ou votre homme de surveiller votre avancée, si vous devez vous lever tous les jours à 7 h, mettez un réveil (loin de vous, pour vous forcer à vous lever).

Il y a une multitude de façons de garder de la régularité, se faire aider n'est pas un signe de faiblesse, mais une stratégie intelligente. Expliquez clairement à vos proches ou à vos mentors ce dont vous avez besoin afin d'atteindre vos objectifs. J'ai dû faire appel au coaching d'auteur afin de pouvoir écrire ce livre. Mes connaissances en écriture de livre étaient égales à mes connaissances en mandarin, c'est-à-dire aucune connaissance. Il est normal de chercher de l'aide lorsque nous en avons besoin. Ce coaching m'a donc permis de me cadrer et me conseiller afin de prendre le bon chemin pour l'écriture et l'édition de mon livre.

La régularité est une chose essentielle, nous l'avons bien compris, mais il y a une chose en plus qui nous permet d'atteindre encore un niveau supérieur, cela s'appelle l'auto-discipline.

L'autodiscipline

La distinction entre **discipline** et **autodiscipline** est essentielle dans l'idée de la croissance personnelle, car bien qu'elles soient liées, elles fonctionnent sur des dynamiques différentes. Voici comment aborder cette différenciation et pourquoi l'autodiscipline est une compétence clé pour réussir.

La discipline repose souvent sur des règles ou des structures imposées par une autorité (un coach ou l'employeur), l'autodiscipline en revanche est **autonome et volontaire**. Elle ne dépend pas d'un cadre extérieur, mais de votre capacité personnelle à être assidu seule et sans pression.

L'autodiscipline est supérieure à la discipline dans la quête personnelle afin de maintenir des objectifs à long terme. Lorsque personne ne vous pousse, c'est votre force intérieure qui vous fait avancer.

- Développez une autonomie totale. Vous devenez maître de vos choix et ne dépendez pas d'un système extérieur pour progresser.
- Créez une motivation durable. Au lieu de subir une discipline imposée, vous cultivez une motivation intrinsèque.

Dans plusieurs de mes domaines dans la vie courante j'ai fait preuve d'autodiscipline et les résultats ont été stupéfiants. Lorsque j'ai décidé de m'entraîner tous les jours à l'athlétisme, mes résultats (mes chronos) ont baissé et j'ai battu plusieurs de mes records.

Lorsque j'ai enfin décidé de réviser mes cours en terminale, j'ai obtenu mon BAC du premier coup.

Les résultats, même si ce n'est pas facile tous les jours, ne s'obtiennent pas sans action.

L'autodiscipline a un effet magique à long terme, ne le sous-estimez pas. Si vous vous disciplinez à faire une pompe par jour, sans rater un seul jour, à la fin de l'année vous aurez fait 365 pompes. Ce n'est pas énorme, mais cela reste sûrement plus que le voisin qui n'a pas fait d'exercice physique depuis longtemps. Et si l'année d'après vous faites deux pompes par jour vous passez donc à 730 pompes en un an, cumulé aux pompes de l'année précédente vous êtes à 1095 pompes en deux ans. C'est plus que certaines personnes dans toute leur vie.

Vous voyez, il n'est pas si difficile d'être extraordinaire. L'autodiscipline peut sembler contraignante au départ, mais elle est en réalité un outil de libération, elle est comme un muscle qui se renforce à chaque effort et acte que nous faisons avec régularité.

L'autodiscipline n'est pas innée, c'est une compétence qui s'acquiert et qui se travaille. Afin d'avoir ce don, comme dit dans le chapitre 6, il va vous falloir un pourquoi solide qui vous motivera jusqu'à votre objectif final.

Pour ne pas flancher :

- Focalisez-vous sur votre chemin et non sur l'arrivée.
- Gardez en tête votre pourquoi, écrivez-le sur une feuille A4 et coller le sur votre porte d'entrée. Comme ça quand vous sortez de chez vous, vous saurez pourquoi vous faites ça.
- Prenez le temps de vous féliciter même pour une petite victoire.

	Discipline	Autodiscipline
Provenance	Externe (coach, État)	Interne (ikigai)
Motivation	Éviter les sanctions (0/20, amende)	Poursuivre son objectif personnel
Autonomie	Dépend d'un cadre ou une supervision	Fonctionne même sans surveillance
Durabilité	Peut disparaître si le cadre change	Persiste indépendamment des circonstances

« C'est à travers l'autodiscipline que vient la liberté »
Aristote

La discipline est essentielle pour progresser, mais elle ne doit pas devenir une habitude totalement rigide. Elle ne signifie pas s'imposer des règles uniformes, mais au contraire, apprendre à s'adapter à sa propre nature, à ses besoins, et à ses aspirations. Chaque individu est unique, et votre manière de construire des habitudes disciplinées doit l'être aussi.

S'adapter à soi-même

Ne cherchez pas à mettre un réveil à cinq du matin tous les jours ou à manger trois œufs crus au petit déjeuner si cela ne vous convient pas. Il faut évaluer vos forces et vos faiblesses (on en revient encore à l'introspection) et ensuite adopter votre discipline. Si vous allez à l'encontre de vos valeurs, vous serez découragé, de plus, si cela n'a rien à voir avec le chemin de vos objectifs, faites demi-tour !

Posez-vous la question : ce que je veux faire est-il en accord avec la personne que je suis et que je veux devenir ? Aller fumer avec les collègues alors que vous vous êtes mis au sport n'est pas en adéquation avec vos objectifs pour courir le marathon. S'enfiler la moitié du pot de pâte à tartiner au chocolat est aussi à l'opposé du rééquilibrage alimentaire.

Considérez vos routines comme des lignes directrices, pas des contraintes rigides.

Afin de vous discipliner au mieux, faites-le petit à petit. Encore une fois, utilisez la règle des 1 % afin d'adapter votre corps et votre esprit. Le week-end, mettez votre réveil à 10 h 30, puis à 10 h pour arriver à 7 h dans quelques mois. Si vous êtes un levé tard, cela ne sert à rien de vous lever à 6 h pour ensuite retourner dormir à 11 h pour vous réveiller à 15 h.

Nous avons tous notre rythme biologique, il faut savoir l'écouter. Ce respect de rythme aura des bénéfices sur notre bien-être physique, mental et donc notre productivité. Faire le contraire est donc contre-productif.

Prendre soin de vos émotions, c'est garantir une discipline durable et bienveillante. Lors de mes séances d'écriture, je m'instaure des grandes sessions de révisions entrecoupées d'un épisode de manga. Pour certaines personnes, cela est inconcevable, mais c'était ma recette personnelle afin d'avoir mon esprit pleinement concentré. Une session d'une heure de travail avec une pause de vingt minutes. Il y a aussi la méthode Pomodoro :

La méthode Pomodoro est une technique de gestion du temps développée par Francesco Cirillo à la fin des années 1980. Son nom vient du minuteur de cuisine en forme de tomate (« pomodoro » en italien) que Cirillo utilisait pendant ses études universitaires. Voici les étapes de base pour mettre en pratique cette méthode :

1. Choisissez une tâche : sélectionnez une tâche que vous devez accomplir.
2. Réglez un minuteur : réglez un minuteur sur 25 minutes, ce qui constitue une « pomodoro ».
3. Travaillez sur la tâche : concentrez-vous exclusivement sur la tâche jusqu'à ce que le minuteur sonne. Évitez les distractions pendant ce temps.
4. Faites une courte pause : prenez une pause de 5 minutes pour vous détendre et vous éloigner de votre travail.
5. Répétez : après quatre pomodoros, prenez une pause plus longue de 15 à 30 minutes pour récupérer.

Les avantages de la méthode Pomodoro incluent :

- Meilleure concentration : en se concentrant sur une seule tâche pendant des périodes définies, on réduit la procrastination et les distractions.
- Gestion du temps : cette technique aide à mieux estimer le temps nécessaire pour accomplir différentes tâches.
- Réduction de la fatigue mentale : les pauses régulières permettent de recharger les batteries et de maintenir un niveau d'énergie constant tout au long de la journée.

Si vous cherchez à augmenter votre productivité, la méthode Pomodoro est un excellent outil à essayer.

C'est à vous de faire votre sauce, il n'y a pas de règle universelle qui convienne à tout le monde. À chaque personne sa vitesse, à chaque personne sa méthode, le but est d'arriver à son objectif final.

La discipline est la clé qui transforme nos aspirations en actions concrètes et durables. Ce chapitre a mis en lumière son importance et comment la cultiver pour atteindre vos objectifs :

- **Le rôle du talent :** le talent seul ne suffit pas. Ce sont la discipline, le travail et la persévérance qui permettent de maximiser votre potentiel avec ou sans prédispositions innées.
- **L'importance de la régularité :** la répétition d'efforts constants, jour après jour, crée des habitudes durables et transforme des tâches difficiles en routines naturelles.
- **Discipline vs Autodiscipline :** la discipline peut venir d'une structure externe, mais l'autodiscipline, alimentée par votre motivation personnelle et votre « pourquoi », est essentielle pour une réussite à long terme.
- **S'adapter à soi :** la discipline n'est pas une règle universelle. Il est crucial de la personnaliser en fonction de vos forces, faiblesses et valeurs pour qu'elle reste alignée avec vos aspirations.

En résumé, la discipline associée à la régularité et au temps est une force puissante. Mais c'est en cultivant votre autodiscipline et en adoptant des comportements qui respectent votre nature que vous atteindrez vos objectifs tout en restant fidèle à vous-même.

Je vous soutiens que la discipline est le socle sur lequel repose toute transformation durable, mais elle trouve toute sa puissance lorsqu'elle est appliquée aux habitudes. Les habitudes, bonnes ou mauvaises, façonnent notre quotidien et, à terme, notre vie entière.

Maintenant que vous avez compris comment la discipline peut être cultivée et utilisée pour progresser, il est temps de passer à l'étape suivante : identifier les habitudes qui vous rapprochent de vos objectifs et celles qui vous éloignent. Le prochain chapitre vous guidera dans l'art de reconnaître, transformer et cultiver vos comportements quotidiens pour en faire vos alliés. Parce qu'au final, ce sont vos petites actions répétées chaque jour qui déterminent vos grandes victoires.

Mini jeu : nouvelle discipline

Choisissez une petite action quotidienne, mais significative que vous voulez intégrer dans votre routine. Définissez une durée et engagez-vous à répéter cette action chaque jour pendant 7 jours consécutifs. La clé est de ne pas sauter un seul jour. Utilisez un tableau de suivi : dessinez un tableau avec 7 cases et cochez chaque jour où vous accomplissez votre action.

Ce défi simple met en pratique les principes de discipline et de régularité évoqués dans ce chapitre. Il vous aide à ressentir les bénéfices concrets d'une habitude disciplinée sur une courte période. Une fois réussi, vous serez prêt à appliquer cette méthode pour des habitudes plus grandes et plus significatives.

Prêt à jouer et à construire votre discipline ? Le défi commence maintenant !

Exemple : Lire 10 pages d'un livre de développement personnel chaque jour.

Jours	Action faite : oui — non
Lundi	
Mardi	
Mercredi	
Jeudi	
Vendredi	
Samedi	
Dimanche	

CHAPITRE 8 : BONNES ET MAUVAISES HABITUDES

« C'est mieux de boiter sur le bon chemin, que de courir sur la mauvaise route » Anonyme

Les habitudes façonnent notre quotidien. Elles agissent comme des engrenages invisibles qui orientent nos choix et nos actions, souvent sans que nous en soyons pleinement conscients. Mais si elles peuvent être de puissants alliés pour atteindre nos objectifs, elles peuvent aussi devenir des obstacles insidieux lorsqu'elles nous éloignent de nos aspirations.

Dans les chapitres précédents, nous avons exploré la force de la discipline, l'importance de la constance et les bienfaits de l'introspection. Vous avez découvert comment le simple fait de démarrer peut-être une victoire, et comment la régularité et l'autodiscipline transforment ces premiers pas en succès durables. Mais il reste une question essentielle : comment traduire cette discipline et cette énergie en actions alignées avec la personne que vous souhaitez devenir ?

Ce nouveau chapitre est une invitation à un voyage plus subtil : celui des habitudes. Car derrière chaque objectif, chaque transformation ce sont les habitudes qui jouent le rôle de piliers ou parfois de chaînes. Une mauvaise habitude peut nous enfermer dans une mauvaise routine qui finit par devenir néfaste, fumer une cigarette après le repas par exemple ou procrastiner un peu chaque jour.

- **Repensez à votre « ikigai »** (Chapitre 2) : vos habitudes actuelles vous rapprochent-elles de ce qui donne du sens à votre vie ?
- **Utilisez la règle des 1 %** (Chapitre 5) : quelles petites modifications pourriez-vous apporter pour remplacer une habitude néfaste par une habitude bénéfique ?
- **Tirez parti de votre discipline** (Chapitre 7) : comment mettre en place des systèmes pour cultiver des habitudes positives et neutraliser les mauvaises ?

Dans ce chapitre, nous allons démystifier le processus de création et de destruction d'habitudes. Vous apprendrez à identifier les habitudes qui vous freinent, à les remplacer par des pratiques alignées avec vos objectifs, et à entretenir les bonnes habitudes pour qu'elles deviennent une seconde nature.

Prêt à faire le tri dans votre quotidien et à poser les fondations d'une vie alignée avec vos aspirations ? Ce chapitre vous donnera les clés pour devenir l'architecte de vos habitudes et, par extension, de votre avenir.

Les Bonnes Habitudes

Une bonne habitude est un comportement ou une action répétée régulièrement qui contribue positivement à votre bien-être, votre santé, ou vos objectifs. Elle s'aligne avec vos valeurs, vos aspirations, et le chemin que vous souhaitez emprunter dans la vie afin d'atteindre vos objectifs.

Les bonnes habitudes agissent comme des alliées silencieuses : elles vous permettent de progresser sans effort conscient constant, car elles s'intègrent dans votre routine de vie et deviennent automatiques. Par leur régularité, elles participent à des changements à **effet cumulé** qui génèrent des résultats significatifs sur le long terme.

Adopter une bonne habitude, c'est choisir intentionnellement d'intégrer dans votre vie des pratiques qui vous élèvent. Le défi n'est pas seulement de les instaurer, mais de les cultiver jusqu'à ce qu'elles deviennent une partie naturelle de vous-même.

Boire un verre d'eau le matin avant le café ou le thé est une excellente habitude pour votre santé. Après plusieurs heures de sommeil, votre corps est naturellement déshydraté. L'eau permet de réactiver le métabolisme, d'hydrater vos cellules et de réveiller en douceur votre organisme.

Les bonnes habitudes ne sont pas simplement des « bonnes pratiques » abstraites. Elles ont un impact direct et mesurable sur plusieurs aspects de votre vie. Tout est intimement lié, si nous prenons de bonnes habitudes alimentaires, notre santé physique s'améliorera. En nous améliorant, nous pourrons faire plus de sport et donc avoir un bien-être physique amélioré. Un bien-être physique nous procurera une confiance en soi, cette confiance nous rendra plus productif, cette productivité nous procurera un bien-être émotionnel. Un grand effet boule de neige avec des résultats exponentiels.

Face aux bonnes habitudes, nous devons lutter contre notre ennemi numéro 1 : nos mauvaises habitudes.

Les mauvaises habitudes

Une mauvaise habitude est un comportement ou une action répétée régulièrement qui a des effets négatifs sur votre bien-être, vos relations, votre santé, ou vos objectifs. Elle peut sembler inoffensive ou confortable à court terme, mais ses conséquences à **effets cumulés** nuisent souvent à votre progression ou à votre qualité de vie.

Les mauvaises habitudes sont souvent le résultat d'un besoin ou d'un plaisir immédiat (comme éviter l'effort ou rechercher du confort), mais elles ne s'alignent pas avec vos aspirations profondes ou vos valeurs. Elles agissent comme des obstacles invisibles, freinant ou sabotant vos efforts pour évoluer.

Elle est difficile à abandonner, car elle s'enracine dans votre routine (ce à quoi nous essayons de sortir), souvent par automatisme ou par confort.

Prendre conscience d'une mauvaise habitude est la première étape pour s'en défaire. Une fois identifiée, elle peut être remplacée progressivement par une habitude positive qui apporte un bénéfice durable.

Par exemple, consommer des aliments ou des substances nocives en excès, comme le sucre, la cigarette ou l'alcool, ou encore reporter constamment des actions nécessaires et bénéfiques pour votre vision (procrastination, notre prochain chapitre).

Il y a plusieurs facteurs qui influencent notre capacité à choisir entre une bonne ou une mauvaise habitude : la volonté, bien sûr, mais aussi notre environnement, notre niveau d'énergie, nos émotions et nos automatismes déjà ancrés. La volonté est un moteur essentiel, mais elle n'est pas infaillible. C'est pourquoi il est important de mettre en place des stratégies, comme la discipline, des rappels visuels ou un entourage positif, pour faciliter l'adoption de bonnes habitudes sur le long terme.

La volonté

La volonté est la capacité intérieure d'un individu à prendre des décisions et à agir de manière intentionnelle pour atteindre un objectif, même en présence de difficultés, de distractions ou de tentations. Elle repose sur la détermination, le contrôle de soi et la capacité à différer la gratification immédiate pour un bénéfice à long terme.

Elle agit comme une ressource mentale précieuse, mais limitée, qui peut être renforcée avec la pratique et **l'autodiscipline**. La volonté est essentielle pour surmonter l'inertie initiale dans la création de bonnes habitudes ou l'abandon des mauvaises, servant de point de départ pour des changements durables.

La volonté joue un rôle central dans la formation et la transformation des habitudes. C'est cette énergie intérieure qui vous pousse à faire des choix alignés avec vos objectifs, malgré les tentations ou les obstacles. Dans le contexte des bonnes et mauvaises habitudes, la volonté agit à plusieurs niveaux :

Créer de bonnes habitudes : la volonté est souvent nécessaire au début, lorsque vous introduisez un nouveau comportement dans votre quotidien. Elle vous aide à surmonter la résistance initiale et à maintenir la répétition jusqu'à ce que l'action devienne automatique.

Briser les mauvaises habitudes : renoncer à une habitude ancrée exige un effort conscient et soutenu. La volonté vous permet de résister aux impulsions, de réorienter votre attention et de remplacer un comportement nocif par un autre, plus bénéfique.

Soutenir la transformation : les habitudes ne se forment ni ne disparaissent du jour au lendemain. La volonté sert de pont, vous permettant de rester engagé pendant que votre cerveau réorganise ses circuits pour intégrer de nouvelles routines.

Les habitudes sont des actions automatiques, tandis que la volonté est une ressource limitée. Une fois qu'une bonne habitude est bien établie, elle demande moins de volonté pour être maintenue, libérant cette énergie pour d'autres domaines.

Personnellement avant je devais faire preuve de force pour ouvrir un livre, maintenant je lis quelques pages d'un livre tous les soirs avant de dormir. Et aujourd'hui, je suis même devenu auteur d'un livre.

Pourquoi ouvrir un livre était-il une épreuve pour moi ? Je pense sincèrement que je n'avais pas encore trouvé mon domaine de lecture favori, des romans ou les livres que nous devions lire au lycée n'étaient à l'époque pas faits pour moi. Un jour, je suis tombé par hasard sur le livre « libérez votre cerveau » et là ça a été le vrai déclic. Ce livre m'a donné l'envie de sortir de ma zone de confort psychologique. Il m'a fait comprendre que le monde est vaste et qu'il ne faut pas se cloisonner dans une unique zone de pensée. J'ai voulu lire encore et encore jusqu'à avoir envie d'écrire mon propre livre. J'écris ce livre pour toutes les personnes qui ont besoin de sortir de leur zone de confort psychologique et qui ne sont pas conscientes de leur prison. J'ai eu la volonté de m'épanouir et je veux transmettre cette volonté.

Si votre volonté vous lâche, dépassez votre volonté. Si vous vous êtes dit demain je me lève et je vais courir 5 km, faites-le ! Prenez la bonne habitude de respecter votre volonté. Pas d'excuse du genre « je suis fatigué », « il pleut » ou autre. Ne laissez pas vos humeurs ou sentiments du moment prendre le dessus. Attention, je ne suis pas parfait non plus. Je me laisse parfois emporter par la maladie de notre siècle « la flemme ». J'ai déjà séché l'entraînement ou déjà repoussé une tâche à faire et me suis retrouvé dos au mur en m'y prenant en dernière minute comme devoir envoyer un mail avant une date précise et s'en rendre compte deux jours après. Ce sentiment de frustration est vraiment détestable, mais je ne peux m'en vouloir qu'à moi-même, de ce fait j'utilise cette frustration afin de me remettre dans mes bonnes habitudes.

C'est de cette manière que les bonnes habitudes arrivent ; en s'imposant un changement de comportement et en passant à l'action. Tout commence par un premier pas, car attendre le moment parfait est une utopie. Le meilleur moment pour changer c'est toujours maintenant.

Afin de perdre vos mauvaises habitudes, il va falloir faire quelques « travaux » à l'intérieur de vous.

Changer pour se reconstruire

Changer de comportement afin d'y intégrer de nouvelles habitudes, ce n'est pas seulement remplacer une action par une autre. C'est un véritable acte de renaissance. Cela demande parfois d'accepter de laisser partir une partie de soi-même : celle qui est attachée aux mauvaises habitudes, aux pensées limitantes, et à une vision dépassée de qui nous sommes.

Imaginez votre vie comme une maison. Parfois, elle est tellement abîmée qu'il ne suffit pas de repeindre les murs ou de changer les meubles. Il faut tout déconstruire, jusqu'aux fondations, pour bâtir quelque chose de solide et aligné avec ce que vous voulez devenir.

Votre ancienne personnalité est souvent liée à vos habitudes, à votre zone de confort et à vos mécanismes de défense. Pour avancer et évoluer, il faut reconnaître que certaines de ces parties ne vous servent plus. Ce processus peut être inconfortable, car il touche à des croyances profondément intégrées en nous depuis notre tout jeune âge.

Une fois que vous acceptez de lâcher prise sur votre ancienne personnalité, vous créez un espace pour construire une version meilleure de vous-même.

Deux points importants :

1. Créer une nouvelle identité : visualisez la personne que vous voulez être. Agissez dès maintenant comme si vous étiez déjà cette version de vous-même. Par exemple, faites vos comptes et gérez vos finances comme si vous étiez gérant d'une entreprise. Gérer vos dépenses et vos revenus : veillez à annuler tous vos abonnements inutiles et dont vous ne servez pas afin de faire des économies.

2. Adopter de nouveaux comportements : ce ne sont pas de simples changements superficiels. Chaque nouvelle habitude devient une brique dans la construction de votre nouvelle personnalité. Par exemple, arrêter la cigarette et faire plus d'exercice physique. Lire plus au lieu de scroller sur les réseaux sociaux. Pour vous intéresser à la lecture, trouvez-vous un livre qui vous intéresse. Vous n'êtes pas obligé de lire un roman de 458 pages ou une biographie d'une personne que vous ne connaissez même pas. Nous avons tous des sujets qui nous intéressent : prendre ce sujet et trouver un livre dessus. En choisissant un livre qui correspond à vos centres d'intérêt, vous transformez la lecture en une expérience personnelle et plaisante. La finalité pour vous est de stimuler votre curiosité, d'approfondir vos connaissances sur un sujet qui vous passionne et d'instaurer une habitude de lecture qui enrichit votre quotidien sans vous imposer des ouvrages qui ne vous attirent pas.

L'image du phénix parle d'elle-même. Cet oiseau mythique se consume dans les flammes, réduisant son ancienne forme en cendres, avant de renaître plus fort.

Et vous ? Êtes-vous prêt à brûler ce qui vous ralentit ? Le changement fait mal, car il bouscule nos habitudes et peut nous faire douter. Mais cette renaissance est là afin de vous faire progresser et aller de l'avant.

Changer est un acte de courage. C'est accepter de laisser derrière soi ce qui ne sert plus pour reconstruire quelque chose de plus grand, de plus fort et particulièrement de plus aligné avec la personne que vous êtes réellement.

Ce que vous allez sacrifier dans votre ancienne personnalité (procrastination, habitudes nocives) est ce qui va vous permettre d'avoir une nouvelle vision de la vie et des choses qui vous entourent. Les choses extraordinaires deviendront des choses tout à fait normales.

Ce changement va vous demander beaucoup de volonté. La volonté est un moteur puissant, mais elle n'est pas infaillible. Pour atteindre vos objectifs, vous devez apprendre à la gérer intelligemment.

La volonté doit être focalisée sur une seule chose à la fois. Lorsque vous dispersez vos efforts, vous épuisez votre volonté plus rapidement, du coup je vous conseille de faire vos changements petit à petit (règle des 1 %) et un par un. *Et malgré les obstacles,* prenez votre temps.

Le temps est un allié

Changer petit à petit nécessite de la patience. Plutôt que de vouloir tout accomplir immédiatement, acceptez que le progrès prenne du temps. C'est cette progression lente, mais régulière qui garantit des résultats durables et ancre profondément les nouvelles habitudes.

Changer petit à petit est une stratégie adaptée aux limites de la volonté. Chaque petite victoire renforce votre détermination et construit un chemin solide vers la transformation. Avec cette approche, le changement devient non seulement possible, mais aussi durable.

Imaginez votre volonté comme un réservoir d'essence. Chaque décision, chaque effort pour résister à une tentation ou pour maintenir une action exigeante puise dans ce réservoir. Au fil de la journée, celui-ci se vide, et lorsque vous atteignez un seuil critique, il devient plus difficile de rester concentré ou de résister aux mauvaises habitudes. Par exemple, après un gros effort physique, il va être plus difficile de résister à une bonne glace, car on se dira « je la mérite, je me suis beaucoup dépensé ».

Ainsi, vouloir tout changer en même temps mobilise un volume considérable de volonté, ce qui augmente le risque d'épuisement mental, de frustration, et de retour en arrière.

Inutile d'essayer de révolutionner tous les aspects de votre vie simultanément physique, émotionnelle et professionnelle. Choisissez une priorité dans un domaine spécifique où vous voulez apporter un changement et concentrez-y vos efforts.

Ce chapitre explore le rôle fondamental des habitudes dans la construction de votre quotidien et de votre avenir. Les bonnes habitudes, véritables alliées, agissent comme des leviers pour votre réussite en s'alignant sur vos valeurs et objectifs. À l'inverse, les mauvaises habitudes, souvent confortables à court terme, se révèlent être des freins invisibles qui sabotent vos aspirations sur le long terme.

Vous avez appris que :

- **Les bonnes habitudes** se construisent avec intention et persévérance, devenant peu à peu des automatismes qui soutiennent votre progression.
- **Les mauvaises habitudes** sont enracinées dans des comportements répétitifs qui, bien que gratifiants immédiatement, nuisent à votre bien-être et à vos objectifs.
- La **volonté**, bien qu'essentielle pour amorcer un changement, est une ressource limitée. Elle doit donc être utilisée intelligemment, en se concentrant sur une habitude à la fois.
- Pour réussir cette transformation, vous devez accepter de « **changer pour reconstruire** » : abandonner les parties de votre ancienne personnalité qui ne vous servent plus afin de faire émerger une version plus alignée et épanouie de vous-même. Ce processus, bien que difficile, est un véritable acte de courage et de renaissance, symbolisé par l'image du phénix.

Ce chapitre insiste sur l'importance d'un changement progressif et durable, en adoptant la **règle des 1 %** pour intégrer de nouvelles habitudes sans épuiser votre volonté. C'est par ces petits pas réguliers que vous bâtirez des fondations solides pour un futur aligné avec vos aspirations profondes.

En conclusion, chaque habitude que vous cultivez est une brique dans la construction de votre vie. À vous de choisir : édifiez-vous des murs solides ou des barrières qui freinent votre évolution ?

La procrastination, cet art subtil de remettre à plus tard ce qui devrait être fait maintenant, est une force puissante qui nourrit et entretient nos mauvaises habitudes. Elle nous pousse à privilégier le confort immédiat au détriment de nos aspirations profondes. Pourtant, comme nous l'avons appris avec la règle des 1 % et la nécessité de petits changements progressifs, chaque instant de procrastination est une occasion manquée d'avancer, même d'un pas.

Le futur chapitre plonge au cœur de cette lutte contre l'inertie et l'évitement. Pourquoi procrastinons-nous, malgré nos ambitions ? Quelles en sont les conséquences sur nos habitudes, notre bien-être, et nos objectifs ? Et surtout, comment transformer ce cycle négatif en une opportunité de reprendre le contrôle ?

Vous découvrirez dans ce chapitre les outils pour identifier vos schémas de procrastination, comprendre leurs racines, et les combattre efficacement. Si les habitudes sont les briques de votre avenir, éliminer la procrastination, c'est retrouver la clé qui vous permet de les poser, une par une, avec constance et détermination.

Alors, êtes-vous prêt à déverrouiller votre potentiel et à avancer sans plus attendre ?

Mini jeu : Le tracker d'habitudes

Identifier une mauvaise habitude à remplacer par une bonne habitude et créer un plan d'action pour l'intégrer dans votre quotidien. Par exemple, si votre but est d'arrêter le sucre dans votre café faites-le, étape par étape en notant votre progression sur une feuille ou un carnet.

Exemple : Dans un mois, je bois mon café sans sucre.

Durant la 1re semaine : je réduis de moitié ma quantité de sucre.

Durant la 2e semaine : je réduis encore de moitié la quantité de sucre.

Durant la 3e semaine : je me retrouve avec un quart de quantité de sucre.

Durant la 4e semaine : j'arrive à boire mon café sans sucre.

À la fin du mois, il ne vous reste plus qu'à maintenir votre progression sur le long terme. Vous pouvez aussi vous offrir une nouvelle tasse à café afin de boire vos cafés sans sucre : « nouvelle habitude, nouvelle récompense ».

CHAPITRE 9 : LA PROCRASTINATION

« En suivant le chemin qui s'appelle plus tard,
nous arrivons sur la place qui s'appelle jamais »
Sénèque.

Après avoir exploré l'univers des habitudes, bonnes comme mauvaises, y compris leur rôle central dans notre quotidien, il est temps de nous pencher sur l'un des plus grands obstacles à la transformation personnelle : **la procrastination**. Cet ennemi sournois agit dans l'ombre tel un espion du KGB, nous éloignant de nos objectifs et sabotant nos aspirations, souvent sans que nous nous en rendions compte.

La procrastination est l'action de repousser volontairement et systématiquement des tâches importantes ou nécessaires, souvent au profit d'activités moins prioritaires ou plus agréables. C'est un mécanisme d'évitement qui peut être motivé par la peur de l'échec, le manque de motivation, le perfectionnisme, ou un excès de distractions.

La procrastination, c'est ce petit moment de faiblesse où l'on choisit le confort immédiat au détriment du progrès à long terme. Elle se cache derrière des excuses, des distractions et des promesses de « faire mieux demain ». Pourtant, chaque minute perdue à remettre à plus tard est une occasion manquée de construire la vie que vous méritez.

Dans les chapitres précédents, nous avons mis en lumière l'importance de la discipline, de la volonté et des habitudes. Ces éléments, lorsqu'ils sont bien cultivés, agissent comme des boucliers contre la procrastination. Mais que faire lorsque celle-ci prend le dessus ? Comment identifier ses mécanismes, comprendre ses causes profondes, et surtout, la surmonter ?

Dans ce chapitre, vous découvrirez :

- Les véritables causes de la procrastination et pourquoi elle s'installe.
- Les effets souvent sous-estimés qu'elle peut avoir sur votre vie personnelle, professionnelle, et émotionnelle.
- Des stratégies pratiques et des outils puissants pour reprendre le contrôle et transformer votre procrastination en action productive.

Rappelez-vous : chaque jour où vous combattez la procrastination est un jour où vous vous rapprochez de vos objectifs.

La procrastination

Procrastiner peut sembler agréable sur le moment, mais à long terme cela crée du stress et fait rater des opportunités tout en diminuant la satisfaction personnelle et professionnelle.

Ce n'est pas juste une question de paresse : souvent, on repousse une tâche parce qu'elle nous paraît trop difficile ou parce qu'on a du mal à organiser son temps

La procrastination, c'est comme un colocataire paresseux qui promet de ranger demain, mais finit par empiler les assiettes sales. Plus tôt vous le mettez à la porte, mieux c'est pour votre espace mental.

Pourquoi procrastine-t-on ?

Les gens procrastinent pour diverses raisons, souvent liées à des facteurs psychologiques, émotionnels

La peur de l'échec : Craindre de ne pas être à la hauteur peut pousser à éviter une tâche, surtout si elle est perçue comme difficile ou risquée. Exemple : Un entrepreneur hésite à lancer son projet, car il craint que son idée ne fonctionne pas et que son entreprise échoue, ce qui le pousse à sans cesse peaufiner son plan au lieu de passer à l'action.

Le perfectionnisme : Vouloir que tout soit parfait peut créer une pression écrasante, rendant le démarrage d'une tâche difficile. Le procrastinateur préfère attendre le moment « idéal » qui n'arrive souvent jamais. Exemple : Un écrivain qui ne finit jamais son livre, car il retravaille sans cesse la moindre phrase.

Le manque de clarté ou de motivation : une tâche mal définie ou qui n'a pas de sens clair pour l'individu peut être repoussée. L'absence de lien entre la tâche et les objectifs personnels amplifie ce sentiment (objectifs non SMART). Exemple : Un salarié tarde à remplir un rapport parce qu'il ne comprend pas en quoi il est utile et ne voit pas son impact direct sur son travail.

La mauvaise gestion du temps : le manque de priorisation favorise les distractions. Exemple : Une personne passe des heures à répondre à des e-mails sans importance au lieu d'avancer sur un projet urgent, faute de priorisation.

Les distractions et les tentations qui offrent des gratifications immédiates, contrairement aux tâches qui demandent des efforts avec de **la régularité**. Exemple : Un étudiant qui doit réviser pour un examen préfère scroller sur les réseaux sociaux, car cela lui apporte une gratification immédiate contrairement aux longues heures de révision.

<u>La fatigue ou le manque d'énergie</u> : les tâches exigeantes mentalement ou physiquement sont souvent remises à plus tard. Lorsqu'on enchaîne plusieurs tâches lourdes, nous sommes épuisés. Donc on cherche souvent à remettre à plus tard. La procrastination devient une manière inconsciente de conserver de l'énergie. Exemple : Après une journée de travail intense, une personne reporte sa séance de sport au lendemain en se disant qu'elle est trop fatiguée pour s'y mettre aujourd'hui.

<u>Le manque d'autodiscipline</u> : une volonté insuffisante ou une faible maîtrise de soi peut rendre difficile la concentration sur une tâche exigeante. Exemple : Quelqu'un décide de commencer un régime, mais finit par céder à la tentation d'un fast-food, incapable de résister à l'envie de plaisir immédiat.

La procrastination est souvent une stratégie d'évitement à court terme qui répond à des besoins émotionnels ou psychologiques immédiats (réduire le stress, éviter la peur ou chercher du plaisir). Cependant, elle entraîne des coûts élevés en termes de productivité, de bien-être, et de satisfaction personnelle.

Pendant mes années au lycée, j'ai beaucoup procrastiné, repoussé mes devoirs. Ce manque d'autodiscipline était en grande partie dû aux nombreuses tentations qui m'entouraient : les distractions, les loisirs et tout ce qui me semblait plus attrayant que les cours. À cette époque, je ne voyais pas l'importance des études et je pensais naïvement que je pourrais m'en sortir sans réellement investir dans l'acquisition de connaissances. Je n'avais pas encore compris que chaque apprentissage, aussi insignifiant qu'il puisse paraître sur le moment, pouvait être une clé pour mon avenir.

Les conséquences de la procrastination :

Procrastiner peut paraître sans conséquence au début, mais à force de repousser les choses, cela finit par impacter négativement votre travail, vos projets et votre bien-être.

Voici les principales conséquences :

1. Un impact négatif sur les objectifs et les aspirations :

Toujours remettre nos objectifs à plus tard nous donne de moins en moins envie de retourner à la tâche. Cela provoque un sentiment d'insatisfaction. Nous nous sentons souvent submergés pour peu de choses, ce qui nous fait encore procrastiner pour les tâches à venir et ces dernières finissent par s'accumuler énormément.

2. Une détérioration de la santé mentale

Culpabilité et honte : nous nous en voulons de ne jamais faire ce que l'on s'était promis. De plus, nous nous rabaissons pour les tâches à venir malgré leur simplicité. Faire dix minutes d'exercice physique nous sera insurmontable.

3. Un impact sur la santé physique

Le manque d'exercice physique a une répercussion sur notre santé qui peut provoquer des problèmes de sommeil, de douleurs musculaires, de fatigue persistante et d'obésité si les bonnes habitudes alimentaires ne sont pas mises en place.

4. Une diminution de la productivité

Cette détérioration physique et mentale a pour conséquence des efforts inefficaces : nous sommes débordés par une tâche minuscule qui nous prend une heure alors qu'en réalité dix minutes suffisent.

6. Une stagnation personnelle et professionnelle

Impossibilité d'évolution, car nous sommes « incapables » de surmonter ne serait-ce qu'une simple tâche. Comment pourrions-nous évoluer et avoir des tâches avec plus de responsabilités ?

La procrastination, si elle n'est pas maîtrisée, peut conduire à un cercle vicieux où les conséquences négatives s'accumulent, affectant la santé, les relations, et le succès personnel et professionnel. Une perte de confiance en soi s'en suivra qui peut dans des rares cas conduire à **la dépression**. À force d'échecs répétés et de promesses non tenues envers soi-même, la confiance en soi s'effrite. On commence à se voir comme quelqu'un d'incapable ce qui peut mener à un autosabotage inconscient. Dans certains cas extrêmes, cette spirale descendante peut contribuer à des troubles plus profonds comme la dépression où l'individu se sent totalement dépassé et démotivé.

C'est pourquoi il est essentiel de prendre conscience de cette dynamique et d'apprendre à casser le cercle de la procrastination avant qu'il n'ait un impact trop lourd sur notre bien-être et notre avenir.

Lutter contre la procrastination

J'ai mentionné plusieurs raisons de la procrastination, c'est à vous de voir dans quelle catégorie vous vous trouvez. Si je devais me catégoriser, je serais dans le groupe des procrastinateurs ayant beaucoup de distraction et de tentations.

En identifiant mes faiblesses, j'ai pu directement agir dessus. Les reconnaître est essentiel, car une fois qu'elles sont mises en lumière, il ne reste plus qu'à les surmonter. Grand fan de jeux vidéo, j'ai longtemps consacré plus de temps à ma console qu'à mes livres. Aujourd'hui, j'ai trouvé un équilibre entre les deux.

Vous me direz « oui, c'est normal tu as pris de l'âge, tu as compris tardivement que les jeux vidéo c'est pour les enfants, de toute façon tu es un mec c'est long à grandir un mec » (je vous assure avoir déjà entendu cette phrase). Alors oui, j'ai « mûri », mais j'ai surtout appris à prioriser les choses et à me fixer des vrais objectifs.

Car même aujourd'hui il m'arrive de passer de longues heures devant ma console, car cela fait partie de moi. Je suis conscient que je procrastine sur mes objectifs, mais étant donné que j'en suis conscient, cela me donnera la volonté de me donner à fond lors de mes prochaines séances d'écriture par exemple.

Il est normal d'avoir des activités annexes, comme les jeux vidéo, le cinéma ou autre. Il est important de réserver du temps consacré à la détente. Vous devez simplement faire une distinction entre ces deux plages horaires. L'une est pour la détente, l'autre pour l'accomplissement de vos objectifs. Quand la détente empiète sur le temps de travail, il faut savoir y remédier au plus vite afin de ne pas perdre de vue ses objectifs.

Tout cela pour vous dire une chose, afin de lutter contre la procrastination, vous devez reprogrammer votre mental. Oui encore une fois je vous demande de casser votre ancien mental et d'en construire un nouveau.

Vous devez changer la vision de vos tâches, pensez en termes d'opportunité plutôt que de corvée et voyez le futur résultat final qui vous procurera un sentiment de satisfaction énorme. Si malgré tout l'effort fourni, le résultat final ne vous procure pas la satisfaction espérée, cela reste une expérience précieuse. Vous aurez appris quelque chose sur vous-même, affiné vos méthodes ou découvert ce qui ne vous convient pas. Chaque action, réussie ou non, vous rapproche de votre véritable voie. Vous pourrez ensuite établir de nouveaux objectifs et commencer une nouvelle partie de jeu.

Imaginez que chaque tâche que vous accomplissez est comme une brique que vous ajoutez à votre maison de rêve. Une brique par jour, et bientôt, cette maison deviendra réalité. Alors, quelle brique voulez-vous poser aujourd'hui ?

Renoncer à quelques heures de console et mettre mes mangas en pause ne me dérange pas, car mon objectif ultime est bien plus gratifiant : terminer mon livre et le tenir enfin entre mes mains.

Une immense satisfaction m'attend à l'arrivée !

Encore une fois, afin de lutter contre la procrastination, allez pas à pas, ne cherchez pas à réaliser toutes vos tâches qui sont en retard depuis deux mois en week-end, cela est quasiment impossible et risque de vous démotiver.

Chaque action, même petite, est une victoire qui vous rapproche de vos objectifs. Le secret réside dans la régularité et l'adaptation à vos propres besoins et limitations. Lutter contre la procrastination, c'est surtout adopter une posture active et bienveillante envers soi-même.

Cette posture s'appelle **la proactivité.**

La proactivité

La proactivité est la capacité à anticiper, initier et prendre des mesures de manière autonome pour influencer son environnement ou atteindre ses objectifs, plutôt que de simplement réagir aux événements ou de les subir. Une personne proactive est orientée vers l'action, se concentre sur ce qu'elle peut contrôler, et cherche activement des solutions avant que des problèmes n'apparaissent.

La procrastination est souvent une forme de fuite face aux responsabilités, dictée par des émotions ou des croyances limitantes. La proactivité, à l'inverse, est un choix conscient d'agir et de prendre le contrôle de sa vie. Cultiver la proactivité, c'est combattre la procrastination en favorisant une approche réfléchie, orientée vers l'action et les solutions.

Anticipation, prise d'initiative et responsabilité personnelle sont des caractéristiques de la proactivité.

Être proactif c'est prendre conscience de ses pensées et se concentrer sur ce que l'on peut contrôler.

Par exemple, vous avez un séminaire de prévu ou une présentation à faire lors d'une réunion, vous savez que votre présentation est sur votre PC. Soyez proactif en prévoyant une alternative en cas d'oubli ou de panne de PC. Un plan B vous procurera un stress en moins donc un meilleur contrôle de ce qui se passe ou peut se passer.

La proactivité, passe aussi par le fait de savoir réagir efficacement aux imprévus sur lesquels nous n'avons aucun contrôle. Si demain un chauffard vous percute alors que vous êtes en route pour l'aéroport, vous énerver ne changera rien.

Un esprit proactif ne perdra pas son temps en conflits inutiles, mais se concentrera directement sur la solution : remplir le constat, trouver un autre moyen d'arriver à l'aéroport et avancer. L'objectif est de régler le problème au plus vite pour reprendre son chemin, plutôt que de s'attarder sur ce qui ne peut plus être changé.

Proactivité VS procrastination

Voici une comparaison entre la procrastination et la proactivité

	Procrastination	Proactivité
Habitudes quotidiennes	Reporter les tâches importantes, céder aux distractions.	Prendre des initiatives, prioriser les actions productives.
Approche face aux tâches	Évite les efforts ou les décisions difficiles.	Affronte les tâches, même inconfortables, avec détermination.
Gestion du temps	Laisser les urgences dicter son emploi du temps. Exemple : attendre le dernier jour pour faire sa déclaration d'impôt.	Planifie et structure son temps pour avancer vers ses objectifs exemple : faire sa déclaration d'impôt dès l'ouverture afin d'anticiper une modification de dernière minute
Conséquences à court terme	Satisfaction immédiate (plaisir, confort). Exemple : Prendre un fondant au chocolat et commencer le régime le lendemain	Effort initial, mais sentiment de progression et d'accomplissement. Exemple : prendre une salade de fruits à faible indice glycémique
Conséquences à long terme	Accumulation de problèmes (stress, stagnation, frustration).	Progrès constant et résultats significatifs dans tous les domaines

Relation avec les objectifs	Se sent dépassé ou découragé par ses propres ambitions.	Transforme les objectifs en actions concrètes et mesurables.
Impact sur la santé	Stress accru, baisse d'énergie, négligence de soi. Exemple : prise de poids avec diminution de l'état de santé	Bien-être amélioré grâce à une discipline et des choix sains. Exemple : atteindre ses objectifs dans un sport
Motivation	Dépend des circonstances ou de l'humeur.	Alimente sa motivation par l'action et les résultats obtenus
Perspective sur les erreurs	Se décourage face à l'échec ou l'utilise comme excuse.	Apprend de ses erreurs et les utilise pour s'améliorer.
Résultat final	Vie stagnante, regrets accumulés, objectifs non atteints	Vie épanouissante, objectifs atteints, développement continu.

Ce tableau met en lumière les différences fondamentales entre les deux attitudes et leurs impacts à court et long terme. Il rappelle que chaque choix quotidien, aussi petit soit-il, influence le chemin vers le succès ou la procrastination et donc un échec de nos objectifs.

Quand avez-vous pour la dernière fois repoussé une tâche importante ? Était-ce par peur, fatigue ou manque de motivation ? Prenez une minute pour réfléchir : quelle est la vraie raison derrière ce report ?

Agir, c'est gagner et chaque action, même minime, est une victoire. Lorsque vous agissez, vous envoyez un signal puissant à votre cerveau : « Je suis capable ». Et ce signal se renforce à chaque pas en avant.

Dans ce chapitre, nous avons exploré l'un des plus grands obstacles à la réalisation personnelle :

- La procrastination. Ce comportement, souvent motivé par la peur de l'échec, le perfectionnisme, ou le manque de clarté, nous pousse à reporter des tâches importantes au profit de distractions immédiates. Bien que la procrastination puisse offrir un confort temporaire, ses effets à long terme sont souvent néfastes : stress, perte de productivité, stagnation personnelle et professionnelle, et baisse de la satisfaction de vie.
- Nous avons également mis en lumière la **proactivité**, l'antithèse de la procrastination. Être proactif, c'est anticiper, agir, et transformer ses objectifs en actions concrètes. À travers des exemples pratiques et des conseils, ce chapitre vous invite à reprogrammer votre mental pour surmonter la procrastination et adopter une posture proactive. Chaque pas en avant, même petit, est une victoire vers une vie épanouissante et accomplie.

Dans notre quête d'un mode de vie plus proactif et aligné avec nos aspirations, un élément crucial reste encore à aborder : **l'échec**. Trop souvent perçu comme une fin ou une preuve d'incompétence, l'échec est pourtant une étape naturelle et incontournable de tout processus de transformation et d'accomplissement.

En surmontant la procrastination, vous avez appris à agir avec intention et à poser des bases solides pour avancer vers vos objectifs. Mais que se passe-t-il lorsque, malgré tous vos efforts, les choses ne se déroulent pas comme prévu ? Lorsque, malgré votre préparation, vous faites face à un revers ?

La réponse réside dans votre manière d'interpréter et de vivre l'échec. Plutôt que de le fuir ou de le redouter, il est essentiel de l'accueillir comme une opportunité d'apprendre, de grandir, et de devenir une meilleure version de vous-même. Ce passage, aussi inconfortable soit-il, est une preuve que vous osez, que vous avancez, et que vous sortez de votre zone de confort.

Dans le prochain chapitre, nous explorerons dans la réalité de l'échec : pourquoi il est non seulement normal, mais aussi indispensable au progrès. Ensemble, nous découvrirons comment transformer chaque chute en tremplin, chaque erreur en leçon, et chaque échec en moteur pour construire une vie pleine de sens et de résilience.

Gardez cette phrase en tête *« je ne faiblis jamais »*.

Mini-jeu : Le Défi des 3 Actions proactives

Objectif : Appliquer immédiatement les principes de la proactivité pour contrer la procrastination et construire une dynamique positive.

Instructions :

1. Identifiez trois tâches simples et importantes que vous avez tendance à procrastiner. Il peut s'agir d'appeler quelqu'un, de répondre à un e-mail, de ranger une pièce, ou encore de planifier votre semaine.

2. Prenez une feuille de papier ou ouvrez une application de notes. Divisez la page en trois colonnes :

Tâche : Notez la tâche choisie.
Blocage : Identifiez ce qui vous pousse à procrastiner (manque de motivation, peur de mal faire, distractions).
Action proactive : Décrivez une solution simple pour surmonter le blocage et accomplir la tâche.

3. Fixez un délai très court pour chaque tâche (par exemple : 10 minutes pour chacune). Lancez un minuteur pour ajouter un peu de pression positive.

4. Une fois la tâche accomplie, prenez une seconde pour **vous féliciter** et apprécier le sentiment d'accomplissement.

But : Répétez ce mini-jeu régulièrement pour entraîner votre cerveau à associer action et satisfaction. En transformant de petites victoires en habitudes, vous renforcez votre capacité à agir de manière proactive.

CHAPITRE 10 : FAITES DE L'ECHEC VOTRE NORME

« La chute n'est pas un échec.
L'échec c'est de rester là où on est tombé. »
Socrate

Après avoir exploré les mécanismes des habitudes (Chapitre 8) et combattu la procrastination avec des outils pratiques (Chapitre 9), il est temps d'aborder un sujet souvent mal compris, mais essentiel à toute transformation : **l'échec.**

L'échec est l'ombre qui plane sur nos ambitions, ce spectre qui nous paralyse et nous pousse à l'inaction. Pourtant, comme les habitudes façonnent notre quotidien et que la proactivité nous aide à avancer, l'échec est un élément crucial de tout processus d'apprentissage et de progression. Il m'est arrivé d'avoir des loupés dans ma vie aussi. Comme vous l'avez compris, je suis infirmier et sachez qu'à la fin de mes trois années d'études j'ai échoué mon mémoire de fin d'études. Cela a été difficile pour moi au début, un grand sentiment de frustration d'avoir échoué à la dernière épreuve. J'ai dû recommencer ce mémoire du début, mais j'ai vu cela finalement comme un moyen de me rendre meilleur.

Souvent perçu comme une porte qui se ferme, l'échec est en réalité une étape, un coach exigeant, mais généreux.

Dans ce chapitre, nous allons réexaminer ce que signifie échouer. Nous découvrirons pourquoi l'échec est non seulement inévitable, mais aussi indispensable à la croissance personnelle et professionnelle.

Dans les chapitres précédents, nous avons appris à dompter nos comportements et à surmonter nos blocages.

Nous devons accepter que, malgré tous nos efforts, les choses ne se déroulent pas toujours comme prévu. Et c'est tant mieux. Chaque échec renferme une occasion de tirer des leçons, de s'adapter et de progresser.

Vous êtes prêt à embrasser vos erreurs et à les transformer en tremplins ? Alors, plongeons ensemble dans cette exploration de l'échec, et découvrons pourquoi il est un allié précieux sur le chemin de la réussite.

L'échec

L'échec est l'incapacité temporaire ou permanente à atteindre un objectif souhaité, une attente, ou un résultat spécifique. Il est souvent perçu comme un revers ou une défaite, mais il est en réalité une expérience normale et essentielle dans tout processus d'apprentissage et de développement.

L'échec peut être déclenché par divers facteurs, tels que des erreurs, des imprévus, un manque de préparation ou simplement des circonstances hors de contrôle. Cependant, il ne doit pas être vu uniquement comme une fin, mais comme une opportunité d'apprendre, de s'adapter et de grandir.

En résumé, l'échec n'est pas une marque d'incapacité, mais un point de passage naturel sur le chemin de la progression, offrant des leçons précieuses pour mieux réussir à l'avenir. Alors, ne laissez pas la peur de l'échec vous paralyser. Osez ! Tentez ! Tombez ! Relevez-vous et avancez. Chaque fois que vous échouez, vous vous rapprochez un peu plus de la réussite. L'échec n'est pas la fin, c'est un tremplin vers quelque chose de plus grand. Et si vous changez votre regard sur lui, vous découvrirez qu'il n'est pas un adversaire, mais un allié précieux sur votre chemin.

L'échec dans notre société

Qu'est-ce qui, dans nos cœurs, nous pousse à haïr l'échec ?

L'échec est mal vu dans notre société pour plusieurs raisons culturelles, psychologiques et sociales.

La société moderne met souvent l'accent sur la réussite visible : diplômes, statut, richesse, ou popularité. Ceux qui échouent sont perçus comme « en dehors des normes ». Dans un monde où la réussite est un signe de validation sociale, l'échec peut être interprété comme une faiblesse ou une incapacité à « être à la hauteur ». Pourquoi ? Parce que notre société accentue avant tout la performance, le succès et les résultats visibles. Dès l'enfance, nous sommes conditionnés à rechercher l'approbation des autres à travers nos réussites scolaires, professionnelles ou personnelles. L'échec, lui, est souvent perçu comme une rupture avec ces attentes sociales.

Ne pas atteindre un objectif et échouer dans un projet peut être vu comme un manque de compétence, d'effort ou de valeur personnelle, plutôt qu'une étape normale du processus d'apprentissage. Nous sommes sûrement nombreux à avoir été sermonnés par une grande sœur, un parent ou même un professeur. Cette perception négative pousse beaucoup à redouter l'échec à le cacher ou à l'éviter à tout prix.

Cette culture de la réussite peut provoquer une peur de l'opinion des autres. Beaucoup de personnes cherchent à être acceptées ou admirées par leurs pairs.

Cette peur de l'échec peut provenir de l'enfance, car les erreurs sont souvent pénalisées dans les systèmes éducatifs, ce qui inculque une peur de l'échec au lieu de l'encourager comme une opportunité d'apprentissage. Au collège, à plusieurs reprises, j'avais un professeur qui, lors de la remise des notes, énonçait les résultats de toute la classe à voix haute. Les moqueries pour les élèves ayant des mauvaises notes sont fréquentes. Un souvenir ayant sans doute marqué beaucoup d'élèves de la classe.

Aujourd'hui, les réseaux sociaux présentent souvent des vies idéalisées, où seules les réussites sont mises en avant. Cela crée une comparaison malsaine et exacerbe la peur de l'échec. Un exemple significatif est celui des entrepreneurs ou influenceurs sur Instagram ou TikTok. Ils partagent leurs succès, leurs voyages, leurs gains financiers et leurs accomplissements, mais rarement leurs échecs et leurs difficultés.

Imaginez un jeune qui souhaite se lancer dans l'entrepreneuriat. En voyant ces réussites mises en avant, il peut avoir l'impression que tout doit être parfait dès le début. En rencontrant ses premières difficultés, il risque de se sentir inapte, car il ne voit jamais les coulisses des échecs et des galères des autres. Cette comparaison artificielle peut le décourager et renforcer sa peur de l'échec.

Cette combinaison de facteurs pousse les individus à cacher leurs échecs, à les minimiser, ou à les éviter à tout prix. L'échec devient alors non pas un moment d'apprentissage, mais une source de stress, de peur, et de honte, renforçant un cercle vicieux où l'on préfère ne pas essayer de risquer de tomber. Étant enfant, j'ai caché mes mauvaises notes à ma mère par peur de représailles, j'arrondissais les angles en lui disant que je n'étais pas le dernier. Je ne lui en veux pas, elle avait elle-même peur que j'échoue à mes études, et pour elle une mauvaise note était synonyme d'échec.

Plus tard, j'ai compris que l'échec n'était qu'une étape à franchir, que si nous mettons plus de temps ou que nous recommencions, cela n'a rien de honteux.

Je n'ai plus honte aujourd'hui de dire que j'ai échoué, car à distance j'ai remarqué qu'après chaque échec, j'en suis ressorti plus fort.

Cependant, une fois déconstruite, cette peur de l'échec révèle qu'il est en réalité un moteur puissant pour apprendre, évoluer, et mieux réussir à long terme.

La face cachée de l'échec

L'échec est un tremplin, car il nous confronte directement à nos failles et nous oblige à nous améliorer.

Un athlète qui perd une compétition peut analyser ses performances, identifier ses faiblesses afin d'ajuster son entraînement et revenir plus fort. Chaque erreur corrigée devient une brique supplémentaire pour bâtir une réussite plus solide. Ainsi l'échec n'a pas à être comparé à un mur, mais un escalier menant vers l'amélioration et la maîtrise.

En comprenant pourquoi une tentative a échoué, on peut développer des compétences et des stratégies plus solides pour réussir à l'avenir. Par exemple, nous sommes sûrement nombreux à avoir échoué lors de nos premières crêpes, pâte trop liquide ou trop épaisse, plaque de cuisson trop chaude ou pas assez. En faisant cette légère erreur, nous avons en réalité appris comment réussir nos futures crêpes.

L'échec apprend à gérer des sentiments comme la déception ou la frustration, en aidant à cultiver une attitude positive face aux revers. Par exemple, Thomas EDISON, après des milliers d'échecs pour inventer l'ampoule a déclaré : « Je n'ai pas échoué, j'ai simplement trouvé 10 000 façons qui ne fonctionnent pas. » Tournons notre vision sur l'échec, il ne nous enlève rien, bien au contraire chaque échec est un apprentissage. Faut-il encore retenir la leçon.

Thomas Edison. Son rêve ? Trouver un moyen de remplacer les lampes à gaz et les bougies par une source lumineuse accessible à tous.

À la fin du XIXe siècle, l'électricité commence à se développer, mais personne n'a encore trouvé comment créer une ampoule qui dure plus de quelques minutes. Edison, convaincu qu'une telle invention, révolutionnerait le monde, rassemble une équipe de chercheurs et se met au travail. Son atelier devient un véritable laboratoire d'expérimentations. Il teste, analyse, ajuste… mais, encore et encore, ses tentatives échouent.

Chaque jour apporte son lot de déceptions. Un filament brûle trop vite, un matériau ne conduit pas bien l'électricité, un autre est trop fragile… Des mois passent, puis des années. Plus de 10 000 essais ratés. La frustration est bien présente, mais Edison ne lâche rien. Là où d'autres verraient des raisons d'abandonner, lui y voit des enseignements.

Lorsqu'un journaliste lui demande comment il vit ces innombrables échecs, il répond avec un sourire : « Je n'ai pas échoué. J'ai simplement trouvé 10 000 façons qui ne fonctionnent pas. »

Pour lui, chaque échec est un pas de plus vers la réussite. Il refuse de voir ses erreurs comme des défaites, mais plutôt comme des indices le guidant vers la solution.

Puis, un jour de 1879, après d'innombrables tests et ajustements, Edison et son équipe trouvent enfin la combinaison parfaite : l'ampoule s'illumine et reste allumée pendant plus de 40 heures !

La morale de l'histoire est que Thomas Edison nous enseigne une vérité fondamentale : l'échec n'est pas la fin, c'est un passage obligé vers la réussite. Il nous apprend la persévérance, la résilience et la capacité à voir nos erreurs comme des leçons plutôt que comme des défaites.

Alors, la prochaine fois que vous échouez, demandez-vous : Quelle leçon puis-je en tirer ? Car comme l'a prouvé Edison tant que vous continuez à avancer, l'échec ne vous éloigne pas du succès, mais vous en rapproche.

L'échec peut pousser à réévaluer ce qui est vraiment important et à voir la vie dans son ensemble, en réalisant que les échecs ne sont pas des fins, mais des étapes vers des objectifs plus grands. En sortant de sa zone de confort, l'échec ouvre des portes à des idées et des opportunités inattendues.

Je suis personnellement énormément sorti de ma zone de confort pour écrire ce livre. N'étant pas doué pour l'écriture, j'avais peur d'échouer, mais étant un dévoué au dépassement de soi, je me suis lancé le défi d'écrire ce livre.

Partager ses échecs permet de créer des liens plus authentiques avec les autres, en montrant sa vulnérabilité et son humanité. J'ai échoué lors de mon premier passage au permis de conduire, cela fait-il de moi un mauvais conducteur ? Non ! J'ai progressé aujourd'hui, aucun malus et je me sens totalement à l'aise. L'idée même d'avoir échoué une fois m'est complémentent sortie de la tête.

Ne voyez plus l'échec comme un mur infranchissable, mais comme un tremplin vers votre réussite. Chaque obstacle sur votre chemin est une opportunité d'apprendre.

Alors au lieu de fuir l'échec, acceptez-le, analysez-le et servez-vous-en pour avancer. Osez échouer, osez apprendre, osez réussir ! Votre regard a le pouvoir de tout changer.

Comment faire de l'échec sa norme ?

Lorsque je vous dis de faire de l'échec votre norme, je ne vous demande pas délibérément de faire un échec. Le but est de changer votre vision de l'échec pour l'intégrer en vous comme une étape naturelle et utile à l'apprentissage.

En me lançant dans l'écriture de ce livre, je me suis bien évidemment douté que mon premier jet d'écriture ne serait pas parfait. Et penser de cette façon n'est pas de la sous-estimation, mais avoir une vision réaliste de nos limites.

Dédramatisons l'échec afin de voir les erreurs comme des opportunités d'améliorer nos compétences et de développer de nouvelles connaissances. Nos scientifiques qui font des recherches de nouveaux vaccins échouent tous les jours. Cependant, ils ne s'arrêtent pas là, ils savent désormais que ce virus n'est pas sensible à tel ou tel traitement.

Certaines erreurs peuvent même nous donner la solution à d'autres problèmes. Je m'explique.

Alexander Fleming, médecin, biologiste et pharmacologue britannique du dix-neuvième siècle, travaillait sur des cultures de bactéries lorsqu'il a accidentellement laissé un plateau ouvert. Une moisissure s'est développée et a tué les bactéries autour. Plutôt que de voir cela comme une erreur, il a exploré cette découverte, menant à l'invention de la pénicilline, qui a transformé la médecine.

Une erreur qui a changé le monde, imaginez-vous faire pareil, votre prochaine tentative pour évoluer et sortir de votre zone de confort pourrait changer le monde. Et même si elle ne change pas le monde, elle peut changer votre vie.

Nous ne pouvons pas tout contrôler, c'est impossible, tout prévoir dans les moindres détails sur une longue période n'est possible que dans les films de science-fiction. Acceptez que tout ne puisse pas être sous votre contrôle et que des revers soient normaux dans tout apprentissage.

Comprenons que le succès n'est pas immédiat. Chaque échec est une étape vers une meilleure version de nous-même. Je conçois qu'il est difficile d'échouer, je pense que nous préférons tout réussir du premier coup. Je ne connais personne qui soit réellement heureux d'échouer.

Après chaque échec, prenez le temps d'analyser ce qui s'est passé.

- Qu'est-ce qui a fonctionné ? Et pourquoi ?
- Qu'est-ce qui n'a pas marché ? Et pourquoi ?
- Quelles leçons pouvez-vous appliquer à l'avenir ?

Il est important de prendre conscience de ce qui ne fonctionne pas, mais prenez aussi en compte ce qui fonctionne afin d'allier les deux pour une meilleure évolution. Cette prise de conscience se nomme le biais du survivant.

Le biais du survivant est une erreur de raisonnement qui consiste à tirer des conclusions basées uniquement sur les réussites visibles, en ignorant ceux qui ont échoué et qui ne sont donc pas représentés. Cela donne une vision faussée de la réalité, car on surestime les chances de succès en ne prenant pas en compte les échecs. Il nous rappelle que pour une bonne évolution et prendre de meilleures décisions, il est essentiel de considérer non seulement les succès, mais aussi les échecs et les **opportunités manquées.**

Vous êtes capable de bien plus que vous ne l'imaginez. Et si au lieu de vous demander « Et si j'échoue ? » vous vous demandiez plutôt « Et si j'apprenais ? »

« Qu'est-ce que cette expérience peut m'apporter ? »

L'échec peut être vu comme une porte qui se ferme. Sachez que nous vivons dans un monde d'équilibre, si une porte se ferme c'est qu'une autre porte s'ouvre. Cette nouvelle porte est une nouvelle opportunité.

Échec et opportunités

Certaines fois, la peur de l'échec nous bloque dans notre vie, dans notre évolution.

Lorsque je me suis lancé dans l'envie d'écrire un livre, je suis dit « non impossible, je n'ai pas l'âme d'un écrivain », mais au fond de moi j'en avais vraiment envie. Grâce au hasard et sûrement à la loi de l'attraction, j'ai rencontré ma coach d'auteur sur Tik Tok. Au premier abord, j'ai scrollé, me disant que ce n'était pas pour moi et que j'allais forcément faire un flop en voulant me lancer dans cette nouvelle aventure.

Puis un élan de motivation et de courage m'a traversé le corps et j'ai décidé de retourner sur sa vidéo. Je me suis ensuite rendu sur son profil Instagram pour faire connaissance avec elle et lui envoyer un message. S'en sont suivis plusieurs rendez-vous et voilà mon aboutissement aujourd'hui.

Je suis auteur d'un livre.

Ce petit bout de ma vie pour vous montrer que la peur de l'échec nous freine et nous limite dans nos vies. Avoir franchi ce pas vers Meily m'a ouvert des opportunités, des connaissances, du savoir.

Il m'a donc fait gagner confiance en moi, ce qui me motive à encore plus sortir de ma zone de confort ce qui m'expose à des perspectives inattendues ou à des solutions que je n'aurai jamais envisagées autrement.

Il est important de se faire accompagner lorsqu'on débute dans une nouvelle discipline. Un accompagnateur expérimenté nous fournira des conseils, des encouragements et nous guidera dans la bonne direction afin d'avoir le bon chemin pour atteindre nos objectifs.

Si cette histoire m'est arrivée, elle est arrivée à plein d'autres personnes avant. Ce qui signifie qu'elle peut vous arriver aussi.

Nous devons saisir les opportunités lorsqu'elles se présentent. Soyons opportunistes.

Quand l'échec ouvre la voie au succès

Nous allons voir comment les échecs ne sont pas des fins, mais des points de passage vers la réussite. Ceux qui accomplissent de grandes choses ne sont pas ceux qui n'ont jamais échoué, mais ceux qui ont su tirer des leçons de leurs échecs et rebondir.

Que vous ayez vécu un revers professionnel, un échec sportif ou une déception personnelle, sachez une chose : ce n'est pas une impasse, mais une opportunité. Vous allez découvrir comment changer votre regard sur l'échec et l'utiliser comme un véritable tremplin vers vos objectifs.

- Walt Disney : Avant de créer Disney, Walt Disney a lancé un studio appelé Laugh-O-Gram, qui a fait faillite. Cet échec l'a appris à mieux gérer une entreprise et à se concentrer sur des projets ambitieux, comme *Mickey Mouse*, qui ont marqué l'histoire du divertissement.
- J.K. Rowling : avant de devenir l'une des auteures les plus célèbres au monde, J.K. Rowling a essuyé de nombreux refus de maisons d'édition. Au moment de créer *Harry Potter*, elle était sans emploi, divorcée et en difficulté financière. Elle a utilisé ses échecs comme une source de motivation pour persévérer et transformer ses rêves en réalité.
- Steve Jobs : Le renvoi d'Apple et son retour triomphal Jobs a été renvoyé de l'entreprise qu'il avait cofondée, Apple, en raison de divergences avec le conseil d'administration. Cet échec l'a poussé à créer NeXT et à investir dans Pixar, où il a contribué à transformer l'industrie du cinéma. Son retour chez Apple a permis de lancer des produits révolutionnaires comme l'iPhone.
- Michael Jordan : L'un des épisodes les plus connus de la carrière de Michael Jordan est son exclusion de l'équipe de basket-ball du lycée. À 15 ans, alors qu'il tentait de rejoindre l'équipe universitaire de son école, il n'a pas été sélectionné, jugé trop petit et pas assez talentueux.

Conséquence : cet échec l'a profondément marqué, mais au lieu de se décourager, il a décidé de travailler encore plus dur pour prouver qu'il méritait sa place. Jordan s'est entraîné sans relâche, développant ses compétences techniques et sa force mentale.

Ces personnes ont atteint leur apogée, après de gros échecs. Que ça soit dans le milieu de la technologie, de l'écriture, du divertissement ou du sport l'échec se trouve dans chacun de ces milieux. Nul n'échappe à un échec et il ne faut pas craindre ce dernier encore une fois.

Gardez confiance en vous, ne vous focalisez pas sur l'échec en lui-même, mais sur ce qu'il peut vous apprendre. Faire l'expérience d'échec afin de progresser et de voir de nouveaux horizons.

Rares sont les échecs qui vous coûtent cher, nous ne sommes pas dans Squid Game (*Squid Game* est une série sud-coréenne où des personnes endettées participent à des jeux mortels inspirés de jeux d'enfants pour tenter de remporter une énorme somme d'argent. À chaque épreuve, perdre signifie mourir, révélant une critique sociale sur les inégalités et la survie dans un système impitoyable.). Créer une offre de service ou autre sera un passage difficile avec des hauts et des bas. Cela vous coûtera de l'argent et du temps, il serait dommage de ne pas se lancer par peur de faire une erreur.

Prenez un post-it, dessus écrivez « l'échec est une étape pour ma progression » et collez-le à un endroit où vous êtes sûr de le voir et de le lire tous les jours. Il vous motivera et vous rappellera que l'échec est tout à fait normal.

Imaginez l'échec comme un sage maître japonais, porteur de précieuses leçons. Si vous savez l'écouter et en tirer parti, il vous ouvrira la porte à de nouvelles opportunités.

Exemple : Un athlète qui se blesse gravement et ne peut plus pratiquer son sport à haut niveau. Au lieu de se laisser submerger par la frustration, il décide de devenir coach et aide d'autres sportifs à atteindre leur plein potentiel. Finalement, cette nouvelle voie lui apporte plus d'épanouissement qu'il n'aurait pu imaginer.

Si vous avez cette petite flamme en vous, ne laissez personne l'éteindre, croyez-en vous-même si personne ne vous écoute. Continuez votre chemin, quoi qu'il arrive. Si vous échouez, c'est peut-être parce que votre objectif est ambitieux et innovant, ce qui demande du temps et des réajustements. Parfois, l'échec vient aussi d'une stratégie mal adaptée. Dans tous les cas, restez focus et apprenez de chaque expérience, donc restez focus.

« *La plus grande erreur que vous puissiez faire dans la vie, c'est d'avoir peur de faire des erreurs* » J.F Kennedy.

L'échec est souvent perçu comme un mur infranchissable, mais en réalité, il nous permet de progresser et d'atteindre la réussite.

C'est une étape essentielle du processus d'apprentissage. Dans ce chapitre, vous avez appris à changer votre regard sur l'échec et à le voir comme un guide qui vous aide à progresser et affiner vos compétences pour saisir de nouvelles opportunités.

Accepter ses erreurs c'est se donner la chance de grandir et d'aller plus loin. Les plus grands noms, de Michael Jordan à J.K. Rowling, ont bâti leur succès sur leurs échecs. Souvenez-vous : échouer ne signifie pas être incapable, mais avoir eu le courage d'essayer.

Maintenant que vous avez appris à accepter l'échec comme un allié et non comme un obstacle, il est temps de passer à l'étape suivante : vous préparer au succès. Être prêt à réussir, c'est bien plus qu'une question d'ambition. Cela demande un véritable conditionnement. Vous devez non seulement vous former, mais aussi vous entourer des bonnes personnes : des mentors, des coachs et des formateurs capables de vous guider dans un environnement propice à votre évolution.

Dans le prochain chapitre, nous explorerons comment créer ce cadre favorable pour maximiser vos chances de succès. Ensemble, nous apprendrons à transformer votre potentiel en réussite tangible.

Mini-jeu : Le carnet
des échecs transformés

1. Listez vos échecs :

Prenez 5 à 10 minutes pour noter quelques échecs marquants dans votre vie. Cela peut être personnel (comme une relation terminée), professionnel (comme un projet raté), ou même anecdotique (comme une mauvaise recette).

2. Explorez les leçons :
À côté de chaque échec, écrivez au moins une chose positive que cet échec vous a apprise.

Par exemple :

Échec : Rater un entretien d'embauche.
 Leçon : Mieux préparer mes réponses et travailler ma présentation.

3. Passez à l'action :
 Choisissez l'un des échecs listés et notez une action que vous pourriez entreprendre pour mieux réussir si une situation similaire se présentait.

Exemple : « Pour le prochain entretien, j'anticipe les questions du recruteur et m'entraîne avec un ami. »

Ce mini-jeu est un exercice de réflexion et de transformation. Il vous montre que chaque échec peut être requalifié en tremplin pour l'avenir. Relisez ce carnet régulièrement pour garder une vision positive et motivante de vos expériences.

CHAPITRE 11 : SE CONDITIONNER AU SUCCES

« Le succès c'est d'aller d'échec en échec sans perdre son enthousiasme » Winston. CHURCHILL

Dans les chapitres précédents, nous avons exploré les piliers qui soutiennent le chemin vers nos objectifs : comprendre et maîtriser nos habitudes (Chapitre 8), vaincre la procrastination avec des outils concrets (Chapitre 9), et prendre l'échec comme un tremplin et un allié pour progresser (Chapitre 10).

Ces fondations ont ouvert la voie à une transformation profonde de votre vision de la vie : vous avez appris que les habitudes sculptent votre quotidien, que l'action proactive dépasse les blocages, et que l'échec, loin d'être une impasse, est une étape normale sur le chemin de l'accomplissement.

Mais maintenant que vous avez accepté l'idée que tomber fait partie du jeu, il est temps de franchir une nouvelle étape : celle de vous préparer activement à réussir.

La réussite ne doit rien au hasard. Elle est le résultat d'une bonne préparation, d'une discipline quotidienne et d'un environnement qui vous pousse à avancer.

Dans ce chapitre, nous allons voir comment **conditionner votre esprit et votre environnement pour le succès**. Nous parlerons de l'importance de vous former, de chercher l'excellence auprès des meilleurs, et de vous entourer d'un cercle qui stimule votre progression.

Il est essentiel d'être dans le bon état d'esprit, au bon endroit, et entouré des bonnes personnes. Ce n'est pas qu'une question de chance, mais un travail conscient et progressif qui se construit jour après jour.

Préparez-vous, car nous allons explorer comment créer le terrain de jeu idéal où votre succès pourra s'épanouir pleinement.

Succès

Le succès est l'accomplissement d'un objectif ou la réalisation d'une aspiration personnelle, professionnelle ou sociale. Il peut prendre des formes variées selon les valeurs, les priorités et les rêves de chacun. Le succès ne se mesure pas uniquement par des critères externes, comme la richesse ou la reconnaissance, mais aussi par des éléments internes, comme le sentiment d'accomplissement, l'épanouissement personnel et le bien-être. En essence, le succès est l'alignement entre ce que vous voulez profondément et ce que vous atteignez.

Nous avons tous nos degrés de succès. Pour certains, cela sera d'avoir un diplôme en ayant la moyenne, pour d'autres, il faut atteindre l'excellence en étant major de promotion. Le succès est propre à chacun, ne vous comparez pas à la victoire du voisin, il est fort possible que vous n'ayez pas les mêmes objectifs.

Vous êtes le seul juge de votre succès, il est dit que le succès vient lorsque nous sommes vrais avec nous-même et que nous arrêtons de nous comparer aux autres. Vouloir être comme les autres nous mène dans un chemin différent de notre réelle ambition. Avoir notre propre vision nous permet d'être pleinement libre de nos pensées et donc d'être complètement vrais sur ce que nous pensons et réalisons.

Le véritable succès vient lorsque nous nous concentrons sur notre propre chemin, en évoluant selon ce qui nous motive réellement et en acceptant que chaque étape qu'elle soit une victoire ou un échec fait partie de notre progression.

Gagner 30 000 euros par an pour une personne A et 200 000 euros par an pour une personne B peuvent être deux signes de succès. La seule chose qui change est les objectifs et actions à mettre en place afin d'atteindre ce succès.

Succès A contre succès B

Faisons une comparaison de deux succès :

Je vous présente Orlane :

Orlane est une graphiste qui rêve de vivre de son art tout en ayant un équilibre entre sa vie professionnelle et personnelle. Son objectif de succès est clair : avoir un emploi stable qui lui permet de travailler sur des projets créatifs tout en passant du temps avec sa famille et en explorant ses hobbies, comme la randonnée et le cinéma.

Pour Orlane, le succès signifie atteindre une vie épanouie sans sacrifier sa santé mentale ni ses proches. Elle fixe des objectifs mesurés et réalistes : décrocher trois contrats par mois, travailler un certain nombre d'heures par jour et ne pas répondre à ses mails professionnels le week-end.

Elle ne veut pas se lever à cinq heures du matin, aller courir dix kilomètres un jour sur deux et avoir un régime extrêmement strict.

Elle veut un succès autour d'une vie alignée avec ses valeurs et trouve satisfaction dans les petites victoires du quotidien, comme la reconnaissance de ses clients ou le temps passé à préparer un repas avec ses deux garçons.

Maintenant, je vous présente Stacy :

Stacy, a contrario, rêve d'être une entrepreneuse reconnue dans le domaine de la technologie médicale. Son ambition est de créer une start-up innovante qui pourrait révolutionner l'imagerie dans la prévention des cancers. Contrairement à Orlane, Stacy voit le succès comme un sommet à gravir, avec des objectifs ambitieux qui impliquent de prendre des risques et de repousser constamment ses limites.

Pour atteindre ses objectifs, Stacy établit des étapes audacieuses : lever des fonds auprès d'investisseurs, recruter une équipe talentueuse et développer un prototype révolutionnaire. Ses semaines sont remplies de réunions, de conférences, et de brainstorming, et elle accepte de sacrifier du temps personnel à court terme pour son ambition à long terme.

Malgré les obstacles, Stacy voit chaque difficulté comme une leçon qui la rapproche de son objectif final. Pour elle, le succès réside dans l'impact qu'elle pourra laisser sur la société, à travers ses innovations et sa vision.

Nous avons là deux visions, mais un même succès pour chacune de ses personnes. J'insiste sur le fait qu'il n'y a pas de meilleure situation que l'autre. Tout dépend de ce à quoi vous aspirez. Ce qui compte, c'est d'être en accord avec vous-même et de tracer votre propre chemin selon vos aspirations, sans laisser les standards extérieurs dicter votre réussite.

Leurs objectifs sont clairs et leur engagement et leur motivation sont personnels. Elles sont investies pour atteindre leurs buts, ce qui montre que le succès est propre à chacun. Encore une fois, il faut être fidèle à ses pensées et à ses ambitions.

Comme l'a dit **Oscar WILDE** « *soyez vous-même les autres sont déjà pris* »

Être soi-même c'est assumer ses différences et ses qualités pour avancer en accord avec ses propres aspirations. Ce n'est pas toujours facile, car cela demande du courage et de la détermination face aux critiques et aux normes imposées par la société. Pourtant, c'est en embrassant pleinement qui nous sommes que nous pouvons réellement nous épanouir.

Et vous, êtes-vous plus Orlane ou Stacy ? Prenez une minute pour noter vos propres aspirations. Quelles sont vos priorités ? Quelles sont vos valeurs qui guideront votre chemin vers le succès ? Avez-vous des ambitions afin de révolutionner le monde entier ou votre monde à vous ? Les deux se valent.

Quelle que soit votre vision du succès, une chose est claire, c'est qu'il ne tombera pas du ciel. Que vous soyez Orlane ou Stacy, les outils, l'état d'esprit et l'environnement dans lesquels vous évoluez sont vos meilleurs coachs. Alors, comment s'y prendre pour poser les bases de cette réussite ? C'est ce que nous allons explorer ensemble.

Nous percevons le monde à travers le prisme de nos connaissances, de nos croyances et de notre expérience de vie. Cette vision, aussi naturelle soit-elle, limite notre compréhension de la réalité. Ce que nous voyons n'est pas forcément ce qui est, mais plutôt ce que notre conscience nous permet de voir. Pourtant le monde est infiniment plus vaste, complexe et riche que ce que nous imaginons. En prendre conscience c'est s'ouvrir à d'autres chemins et remettre en question nos certitudes pour grandir. Afin d'avancer vers le bon chemin, rien de plus important que d'avoir les bonnes formations.

Les formations

Les formations jouent un rôle clé dans la réalisation du succès, quelle que soit votre ambition. Elles vous permettent d'acquérir les connaissances, les compétences, et les outils nécessaires pour progresser vers vos objectifs.

Se former, c'est investir dans la ressource la plus précieuse que vous possédez : **vous-même**.

Se former c'est approfondir et renforcer ses connaissances sur le monde qui nous entoure. Nous avons tous ce sentiment de retenue ou d'hésitation à passer à l'action par manque de connaissance. En se formant, notre confiance en soi augmente ce qui nous permet d'agir de la bonne manière.

Nous pouvons améliorer nos connaissances techniques comme Orlane qui est graphiste. Nous devons aussi améliorer nos connaissances comportementales en gestion de soi (gestion de nos émotions) et la gestion des autres (leadership et communication).

Reprenons Stacy peut suivre des formations en communication pour convaincre des laboratoires ou apprendre à mieux gérer son équipe dans un environnement compétitif.

La formation et l'apprentissage de la vie ne s'arrêtent jamais. Le monde évolue très rapidement, et continuer d'apprendre est une condition essentielle pour rester pertinent et compétitif. Soyez curieux ! Internet est une mine d'informations, faites de cet or de données votre richesse personnelle ! N'attendez pas qu'on vous informe d'une nouvelle technologie pour la découvrir, soyez proactif !

Les formations sont l'un des piliers du succès. Elles vous aident à acquérir des compétences, de rester à jour, et de vous positionner comme une personne engagée et **proactive**. Dans votre quête de réussite, voyez les formations comme un carburant essentiel qui propulse vos ambitions.

S'entourer des meilleurs

Il va falloir rejoindre des groupes de personnes qui vous inspirent, des personnes qui vous tirent vers le haut.

Votre entourage joue un rôle crucial dans votre réussite. Les personnes qui vous entourent peuvent soit vous tirer vers le haut, soit restreindre votre progression.

Il est dit que nous sommes la moyenne des cinq personnes qui nous entourent. Cela veut dire que si votre entourage n'est pas motivant, rabat-joie, constamment dans la plainte ou la critique, vous devez vous en éloigner. Vous n'en avez peut-être pas l'impression, mais au fur et à mesure ses personnes vous sapent le moral et peuvent vous dévier de vos objectifs. Les personnes qui se plaignent constamment ou dramatisent tout peuvent absorber votre énergie mentale et émotionnelle, vous laissant moins de motivation pour avancer vers vos objectifs.

Nous adoptons involontairement les habitudes et les croyances des personnes avec qui nous passons le plus de temps. Si votre entourage est négatif, vous risquez de voir le monde de la même manière et d'adopter leurs comportements.

L'être humain a un besoin d'intégration sociale et donc d'appartenance. Si vous êtes constamment entouré de sportifs, vous aurez sûrement l'envie de vous y mettre ou d'en faire plus.

Apprendre auprès des meilleurs accélère votre progression. En me prenant pour exemple, si je n'avais pas été accompagné par mes coachs d'auteur, j'aurais eu un mal fou à écrire ce livre. Il faut s'avoir s'entourer des gens meilleurs que nous, si vous vous trouvez dans une pièce où vous êtes la personne la plus douée et la plus intelligente, progresser vous sera plus difficile.

Certaines personnes peuvent se sentir comme rabaissées en voyant des personnes « plus évoluées » qu'elles. Plutôt que de vous sentir écrasé par leur réussite, utilisez-la comme une preuve que c'est possible. Au lieu de penser « Je n'y arriverai jamais », essaie de te dire « Comment faire comme eux ?".

Je ne vous demande pas de snober vos amis qui ont moins de connaissance que vous, mais si vous voulez apprendre plus et mieux, trouver des personnes expertes dans leur domaine afin d'en tirer le maximum.

Ces personnes qui sont meilleures que vous sont déjà passées par votre chemin. Elles étaient comme vous il y a quelques années encore, elles savent par quoi vous passez, car elles ont déjà affronté vos problèmes.

Je tiens à préciser une chose, les meilleurs coachs ne sont pas forcément les plus vieux. Nous comparons très souvent l'âge avec l'expérience, mais cela n'est pas toujours vrai.

Ma première coach, Meily qui est une jeune femme exceptionnelle, m'a énormément aidé lors de l'écriture de cet ouvrage, car elle est passée par le même chemin que moi.

Grâce à elle, j'ai aussi fait la connaissance de Laura, une autre coach d'auteur qui m'a aussi aidé pendant ma rédaction.

Cela m'a permis d'avoir des connaissances spécifiques vis-à-vis de l'écriture d'un livre, d'avoir des retours sur mon premier jet d'écriture. Tout cela m'a fait gagner du temps et m'a évité de nombreuses erreurs. Donc m'entourer de quelqu'un de meilleur m'a permis d'avoir un cadre motivant, structuré et en plus de faire de nouvelles connaissances, donc une possibilité d'avoir de nouvelles opportunités.

Comment s'entourer des meilleurs ?

Avant tout, avoir les meilleures coachs est une chose personnelle. Les meilleurs mentors respectent **vos objectifs** personnels et vos valeurs, et ne cherchent pas à vous imposer une vision qui n'est pas la vôtre.

Un bon mentor saura s'adapter à la personne qu'il accompagne : ce qui fonctionne pour Orlane ne sera pas forcément la meilleure approche pour Stacy.

À savoir qu'en 2025 nous sommes à l'ère du numérique, consultez les avis et retour d'autres personnes sur ce coach. Si vous voyez un coach sportif avec une note de 2/5 sur Google, pensez bien qu'il ne doit pas être très compétent.

S'entourer des meilleurs mentors est une stratégie essentielle pour atteindre vos objectifs plus rapidement et efficacement. Ces experts vous apportent des connaissances, des retours honnêtes, et un réseau puissant qui accélèrent votre progression. En plus d'avoir des professeurs compétents, il est aussi important d'avoir un entourage qui prenne soin de vous.

Avoir un entourage bienveillant

L'entourage bienveillant comporte deux aspects, aussi bien technique que psychologique.

Le côté technique : vous devez avoir un espace à vous pour pouvoir travailler sur vos objectifs. Cette pièce ou du moins cet espace doit être à votre image. Cela réduira vos risques de distraction. Cet espace est le reflet de vos pensées, s'il se retrouve complètement en désordre, cela renverra une image de désordre dans votre esprit, cela diminuera votre efficacité à vous concentrer. Prenez cinq minutes avant de vous concentrer afin de mettre cet espace au propre.

Afin de limiter les distractions qui vous empêcheront d'entrer en **état de flow,** désactivez les notifications de votre smartphone, utilisez des applications de gestion du temps et définissez des périodes de travail ininterrompu. Par exemple, dites vous que de 15 h à 17 h vous bossez sur vos objectifs, vous avez le droit à une pause bien évidemment, mais qu'elle ne dure pas quarante-cinq minutes.

Prévenez votre entourage, ils doivent comprendre que vous avez des objectifs, et que pour les atteindre vous devez vous concentrer sur une période donnée. Après cette période, vous pourrez rejoindre votre famille et/ou amis afin de prendre du temps libre.

Le côté psychologique : Votre entourage est un carburant naturel et l'un des plus puissants sur votre mental, votre motivation et par extension votre réussite. Les personnes que vous côtoyez quotidiennement façonnent votre état d'esprit et vos décisions, souvent de manière inconsciente.

Que ce soit votre femme, votre homme, mère, père, frère, sœur et j'en passe, votre entourage doit être composé de personnes qui vous encouragent pour atteindre vos objectifs, surtout lorsque vous doutez de vous.

Ces dernières doivent vous soutenir, mais elles doivent être totalement honnêtes avec vous. Elles doivent être en mesure de vous dire si vous prenez le mauvais chemin, quelquefois nous avons tendance à soutenir nos proches même s'ils font des erreurs. Là, il va falloir trouver des personnes qui auront le culot de vous stopper net en cas de détour. Se faire caresser dans le sens du poil, c'est bien, mais il faut aussi savoir accepter les critiques constructives lorsque nous nous égarons.

Si vous n'avez pas dans votre entourage ce genre de personnes, il va falloir aller à la recherche de ces personnes. Comment ? En participant à des événements d'entrepreneur, des associations professionnelles ou des groupes en ligne qui correspondent à vos centres d'intérêt. Trouver des personnes avec les mêmes objectifs et valeurs que vous, cela vous fera progresser.

Comment ai-je fait moi personnellement ? Afin d'écrire ce fameux bouquin, je me suis installé dans une pièce avec mon ordinateur de bureau. J'ai aussi un ordinateur portable que je transporte un peu partout, ce qui m'a permis quelquefois d'écrire confortablement dans mon lit. J'ai considérablement réduit mes distractions (réduit pas arrêté complètement, je précise), ce qui m'a permis d'être focalisé sur mon écriture.

Concernant mon entourage, seules ma compagne et mes coachs étaient au courant concernant mon projet d'écriture. Mais ils m'ont suffi à me motiver dans l'écriture de mon livre.

Un entourage bienveillant peut devenir un moteur qui vous pousse à atteindre vos objectifs, tandis qu'un entourage malveillant peut rapidement devenir un frein.

A contrario, l'entourage nocif

À l'inverse, un entourage toxique est un véritable frein à votre développement personnel et professionnel. Ces individus, qu'ils agissent consciemment ou non, peuvent diminuer votre confiance en vous et vous éloigner de vos objectifs.

« Éloignez-vous des gens négatifs. Ils ont un problème pour chaque solution. » Albert. Einstein.

Les personnes toxiques voient toujours le verre à moitié vide. Elles mettent en avant les problèmes, les risques et les échecs possibles, plutôt que de se concentrer sur les solutions.

Prendre conscience des risques est essentiel, mais se focaliser dessus est une perte de temps. Je ne vous demande pas de foncer tête baissée, mais de prévoir une solution au cas où ses risques deviendraient de vrais problèmes.

Exemple : Vous proposez une nouvelle idée pour faire avancer l'équipe. Votre collègue n'a pas l'air emballé. Il vous montre clairement sa désapprobation : « Ça ne marchera jamais, tu perds ton temps. Et puis, tu n'es même pas doué dans ce domaine. » Si quelqu'un a une attitude non constructive avec vous, ignorez-le !

Que vous soyez motivé à progresser peut engendrer de la jalousie de la part de ces personnes. Eux n'arrivent pas à se motiver et par peur de se sentir inférieurs, ils chercheront volontairement ou non, à vous empêcher d'avancer vers vos objectifs.

Faites aussi attention aux personnes excessivement dépendantes. Elles ne sont pas méchantes, mais peuvent être épuisantes émotionnellement via leurs problèmes personnels. En étant en boucle sur leurs soucis, ils ne vous écoutent pas et ne vous motivent pas. Que faire ? Prenez vos distances, diminuez le temps passé avec ces personnes, ne les oubliez pas, mais sachez prendre le temps pour vous.

Avec les individus toxiques, apprenez à dire non et à poser des limites.

- Utiliser un « non » ferme et direct : pas besoin de se justifier longuement. Un simple « non, ça ne me convient pas » est suffisant.
- Éviter les justifications excessives : plus vous expliquez, plus l'autre peut essayer de vous manipuler.
- Éloignez-vous si nécessaire : parfois, la meilleure solution est de prendre ses distances pour se protéger.

Une fois votre espace clair, votre entourage bienveillant près de vous et les personnes toxiques loin de vous, il va falloir prendre soin de vous !

Prenez soin de vous

Le succès durable repose sur un équilibre entre vos ambitions et votre bien-être physique et mental. Prendre soin de soi n'est pas un luxe, mais une obligation pour fonctionner à votre meilleur niveau.

Comme dit lors de l'introduction, vous faites des contrôles techniques à votre voiture afin qu'elle tienne la route, vous devez faire pareil pour vous.

Un esprit reposé est plus créatif, plus concentré et efficace pour résoudre des problèmes. Une bonne nuit de sommeil est très importante. La nuit porte conseil, cela est vrai. Le sommeil paradoxal, où se produit la majorité de nos rêves, est également lié à la créativité et à la résolution de problèmes. Des études ont montré que cette phase du sommeil peut aider à trouver des solutions à des problèmes complexes, en reliant des idées et des concepts de manière nouvelle et originale.[4]

Faire du sport améliore non seulement votre santé, mais également votre capacité à gérer le stress et à maintenir une énergie constante. Corps et esprit ne sont pas deux choses différentes, bien au contraire les deux sont totalement liés.

L'exercice régulier améliore la capacité cardiovasculaire et la force musculaire, contribuant à une meilleure endurance et à une sensation accrue d'énergie au quotidien.

L'article de PhysioExtra intitulé « Les avantages de l'exercice physique pour la santé mentale » explore comment l'activité physique régulière peut améliorer la santé mentale. Il souligne que l'exercice favorise la libération de neurotransmetteurs tels que la sérotonine et réduit le cortisol, l'hormone du stress, agissant ainsi comme un antidépresseur naturel. L'activité physique améliore également la capacité cardiorespiratoire, aide à briser l'isolement social et renforce l'estime de soi en fixant des objectifs réalistes.[5]

Dans ce chapitre, nous avons exploité l'importance de se préparer pour réussir en cultivant un état d'esprit et un

---

[4]https://www.google.com/url?q=https://somnologie.fr/sommeil-paradoxal/?utm_source%3Dchatgpt.com&sa=D&source=docs&ust=1741678383252488&usg=AOvVaw1lNFmBA1iFqToAbQ7tzjUe
[5]https://www.google.com/url?q=https://blogue.physioextra.ca/en/the-benefits-of-exercise-for-mental-health?utm_source%3Dchatgpt.com&sa=D&source=docs&ust=1741678383178815&usg=AOvVawoJ2xpBaNLYP2aw2UHUL844

environnement propice à l'accomplissement de vos objectifs. Le succès n'est pas universel : il dépend de vos aspirations personnelles, qu'il s'agisse de trouver un équilibre comme Orlane ou de viser l'innovation comme Stacy.

En mettant en place des fondations solides, vous construisez un terreau fertile où vos objectifs peuvent fleurir, mais il va falloir être patient.

Si ce chapitre s'est concentré sur les moyens de poser des bases solides pour le succès, le prochain abordera les qualités essentielles pour avancer face aux défis : **la patience, la résilience**, et **la persévérance**. Car, même avec les meilleures conditions, la route vers vos rêves est rarement linéaire. Comment rester motivé malgré les obstacles, les retards, ou les moments de doute ? Nous découvrirons comment transformer ces qualités en alliées puissantes pour franchir chaque étape avec détermination et sérénité. Préparez-vous à explorer l'art de tenir bon, même face aux tempêtes, *avec une volonté ferme.*

Mini jeu : Le Tableau des Influences

Objectif : Identifier et réorganiser les éléments de votre environnement (personnes, espaces, habitudes) pour qu'ils vous soutiennent dans votre quête de succès.

Étapes :

1. Prenez une feuille ou ouvrez un document divisé en trois colonnes :
Colonne 1 : *Mes soutiens positifs*
Colonne 2 : *Mes freins et distractions*
Colonne 3 : *Mes actions à entreprendre*

2. Listez dans chaque colonne :
Colonne 1 : Les personnes, objets, ou routines qui vous boostent (ex. : un mentor inspirant, une habitude bénéfique, un espace de travail bien organisé).
Colonne 2 : Les influences négatives ou éléments perturbateurs (ex. : collègues toxiques, notifications constantes, espace encombré).
Colonne 3 : Notez des actions concrètes à mettre en place pour maximiser les soutiens positifs et réduire les freins (ex. : « Programmer un appel avec mon coach », « Désencombrer mon bureau vendredi soir »).

3. Ajoutez un défi : Engagez-vous à modifier au moins **une chose par semaine** dans la Colonne 3 pendant une semaine. Par exemple, passer moins de temps avec une personne toxique ou établir une nouvelle routine productive.

4. Célébrez les progrès : À la fin de la semaine, faites le point. Quels changements ont eu le plus d'impact ? Notez vos réussites pour renforcer votre sentiment d'accomplissement.

Ce mini-jeu vous aidera à ajuster votre environnement et vos relations pour qu'ils soient en phase avec vos objectifs. C'est un exercice simple, mais puissant pour conditionner votre entourage et vos habitudes au succès.

CHAPITRE 12 : PATIENCE, PERSEVERANCE ET RESILIENCE

« L'homme qui déplace une montagne commence par emporter de petites pierres » Confucius

Je vous félicite d'être arrivé jusqu'ici. Chaque page tournée et chaque prise de conscience vous ont rapproché de la version optimale de vous-même.

Vous avez appris à bâtir des habitudes solides pour ancrer vos ambitions (chapitre 8), à vaincre la procrastination pour agir avec clarté et efficacité (chapitre 9), et à transformer les échecs en leçons positives qui vous propulsent vers l'avant (chapitre 10). Vous avez conditionné votre esprit au succès en vous entourant des bonnes personnes, en choisissant les meilleures formations et en structurant votre environnement (chapitre 11).

Mais tout cela ne suffit pas sans une chose : la capacité à tenir bon.

Le chemin vers vos rêves n'est pas une ligne droite. Parfois semé d'embûches, c'est une longue traversée du désert.

Par moments, vous aurez l'impression d'être perdu et de ne plus avancer voire de régresser. Vous verrez d'autres réussir plus vite que vous et l'envie d'abandonner pourra vous effleurer. Mais c'est dans ces moments-là que se joue la différence entre ceux qui renoncent et ceux qui persévèrent.

Prenez l'exemple d'un athlète qui s'entraîne pour les Jeux olympiques. Chaque jour, il repousse ses limites, subit des blessures, des défaites et des moments de doute. Pourtant, il continue, car il sait que chaque goutte de sueur le rapproche de son rêve.

C'est dans ces moments-là que tout ce que vous avez construit sera mis à l'épreuve.

Votre patience sera appelée à grandir.

Votre résilience, à se renforcer.

Et votre persévérance, à vous maintenir en mouvement malgré les doutes et les obstacles.

Ce dernier chapitre est l'aboutissement de tout ce travail. C'est ici que vous allez découvrir comment rester ancré face aux tempêtes, comment garder le cap, même quand les résultats tardent à venir, et surtout, comment nourrir la foi en votre propre potentiel jusqu'à franchir la ligne d'arrivée.

Vous avez fait tout ce chemin. Maintenant, il est temps de compléter et terminer votre transformation et de libérer votre esprit pour affronter la vie avec patience, persévérance et résilience. Le plus beau reste à venir.

La patience

La patience est la capacité de tolérer les délais, les difficultés ou les frustrations sans se laisser submerger par l'impatience, la colère ou le découragement. Elle implique une maîtrise de soi face aux défis et une acceptation du fait que certaines choses prennent du temps pour se réaliser ou évoluer.

La patience est souvent associée à la persévérance, car elle permet de maintenir ses efforts et son engagement malgré les obstacles. Elle reflète également une compréhension mature que les résultats significatifs, les relations durables ou les grandes réalisations nécessitent du temps et de la constance. Cultiver la patience, c'est apprendre à avancer avec calme et sagesse, tout en respectant le rythme naturel des événements et des processus.

Combien de temps vous avez mis pour apprendre à marcher ? Ou encore combien de temps vous avez mis pour apprendre à lire ? Plusieurs mois, n'est-ce pas ? Voire plusieurs années. Pourquoi exiger des résultats immédiats à vos efforts ? La patience peut sembler difficile à accepter, mais les fruits qu'elle porte sont d'une saveur délicieuse.

Nous vivons dans un monde de consommation, où tout doit être utilisé et approprié vite. Nous ne voulons plus attendre et patienter sagement comme le faisaient nos grands-parents. Nous sommes devenus totalement impatients.

L'impatience est une émotion où on ressent une frustration face à l'attente. C'est une envie intense d'atteindre un but ou de résoudre une situation rapidement, parfois au détriment de la réflexion ou du processus nécessaires pour y arriver. Si elle n'est pas maîtrisée, l'impatience peut mener à prendre des décisions impulsives ou à l'abandon prématuré d'un objectif.

Nous avons tous été impatient la veille d'un départ en vacances et cela est totalement normal, mais parfois l'impatience nous pousse à prendre des décisions trop hâtives. Par exemple, nous avons tous déjà klaxonné en étant dans les bouchons, n'est-ce pas ? Quel en est l'intérêt ? Aucun, mais nous sommes impatients, nous voulons vite rentrer chez nous ou allez à notre rendez-vous. Cela nous fera dans certains cas prendre des risques, comme couper par la droite ou rouler sur la bande d'arrêt d'urgence.

Une impatience qui peut avoir des conséquences plus ou moins graves. Dans l'exemple des bouchons sur la route, en doublant par la droite, nous risquerons de percuter une voiture, ce qui aura pour conséquence de nous ralentir encore plus. Alors que si nous avions fait preuve de patience, nous serions arrivés bien plus tôt et sans casse.

Pourtant, la patience a des vertus utiles.

Elle permet de faire un point sur la situation. Dans l'exemple des bouchons, nous pouvons prendre notre mal en patience afin de faire un point sur nos objectifs, nos désirs, ce que nous avons fait dans la journée ou ce que nous aurons à faire dans les jours à venir. En étant constamment occupé et sous pression, nous ne prenons pas forcément le temps d'analyser tout cela.

Elle permet un sentiment de satisfaction accentué. Les objectifs où nous avons patienté un long moment donnent une satisfaction perçue comme plus gratifiante. Lorsque j'ai reçu mon diplôme d'État infirmier au bout de trois ans d'étude et d'un travail acharné, le résultat a été plus valorisant que lorsque j'ai obtenu mon diplôme d'entraîneur d'athlétisme pour enfants en six mois de formation.

Elle permet une meilleure prise de décision. Lorsque nous sommes sous tension, les décisions prises peuvent être parfois mauvaises, car nous réagissons sans forcément penser aux conséquences futures. Combien d'entre nous avons déjà acheté un beau vêtement à trois jours des soldes, alors que si nous n'avions pas agi par impulsivité, nous aurions attendu quelques jours afin de l'avoir à bas prix.

Avez-vous déjà planté une graine et attendu qu'elle pousse ? L'impatience pourrait vous pousser à creuser la terre pour voir si elle germe, mais cela ruinerait tout le processus. De la même manière, nos rêves et nos objectifs sont comme des graines. Ils ont besoin de temps, d'efforts et de confiance pour éclore. Le tout, en étant arrosés d'une bonne dose d'action.

La patience nourrit **la persévérance** comme un sol fertile nourrit une plante. Sans patience nos efforts se dessèchent, sans persévérance la graine de nos rêves ne germe pas.

La persévérance

La persévérance est la capacité à maintenir ses efforts et sa détermination pour atteindre un objectif, malgré les obstacles, les difficultés ou les échecs rencontrés en cours de route. Elle reflète une attitude de ténacité, de **discipline** et d'engagement à long terme, en restant concentré sur le but à atteindre, même lorsque le chemin est ardu ou les résultats tardent à se manifester.

La persévérance implique de surmonter les découragements, d'accepter les erreurs comme des opportunités d'apprentissage et de rester motivé en s'appuyant sur une vision claire de ce que l'on souhaite accomplir.

Être persévérant, c'est faire preuve de **volonté**. Rappelez-vous le chapitre 8 lorsque nous avons parlé des bonnes et mauvaises habitudes. La volonté était une capacité intérieure essentielle dans la création ou la perte de ces derniers. Là, la volonté est le noyau de la persévérance.

Si vous avez la volonté de réussir vos projets, vous serez persévérant sans problème. Nous avons tous été enfant, et afin d'apprendre à marcher sur nos deux pieds nous avons persévéré, car nous avions la volonté de nous tenir debout. Malgré nos chutes à répétition, nous avons maintenant cette envie de tenir debout.

Là, l'objectif est le même, quoi qu'il arrive, vous devez persévérer dans les moments de doutes et dans les moments difficiles.

Ne vous dites pas que vous n'êtes pas persévérant, vous avez eu la volonté de lire et de continuer ce livre-là, preuve en est. Il n'y a pas une personne sur cette planète qui ne puisse pas faire preuve de persévérance. La force, l'intelligence, l'état financier sont des choses où nous ne sommes pas égaux, mais **faire preuve de persévérance est absolument donné à tout le monde**. Nous devons savoir l'exploiter.

Vous pouvez être nul dans un domaine, si vous faites preuve de persévérance, vous vous améliorerez. Travaillez encore et encore, donnez-vous les moyens de réussir et vous réussirez. Même les personnes ayant un talent inné doivent elles aussi faire preuve de persévérance.

Parlons de Wolfgang Amadeus Mozart, un enfant prodige capable de composer des chefs-d'œuvre dès son plus jeune âge. Dès l'enfance, il a été soumis à une discipline rigoureuse par son père, un musicien et compositeur lui-même. Son père a commencé à former son fils à un âge extrêmement jeune, en s'assurant qu'il passait des heures chaque jour à pratiquer et composer. Contrairement à la légende, les premières œuvres de Mozart n'étaient pas des chefs-d'œuvre. Ce n'est qu'après plus de 10 ans de travail acharné qu'il a commencé à produire les œuvres qui l'ont rendu immortel.

Même les personnes que nous considérons comme des « génies » ont dû faire preuve de patience, de résilience et de **persévérance** pour exceller.

Votre persévérance aura des hauts et des bas, tout au long de votre parcours. Nous sommes humains et il arrive que nos forces s'affaiblissent, que nos doutes et peurs prennent le dessus. Cela est normal, rassurez-vous. Il m'est arrivé de douter en écrivant ce livre, j'ai voulu abandonner, car j'ai été touché par le syndrome de la page blanche. Puis je me suis posé beaucoup de questions, qui suis-je pour écrire un livre ? Je ne suis pas quelqu'un de connu, qui va donc l'acheter ? Va-t-il vraiment aider des personnes ?

Plein de questions qui mettent le doute, mais cela est normal, chaque chose en son temps. Ces moments ne font pas de vous une personne non compétente. Ils font simplement office de pause dans la course, des opportunités pour respirer, réfléchir et repartir de plus belle. Ce qui compte, c'est de ne jamais abandonner.

Rappelez-vous que même les plus grands ont connu des instants de doute. L'essentiel est de transformer ces vides en tremplins. Vous n'avez pas à avancer à toute vitesse chaque jour : l'important, c'est de ne pas perdre de vue la direction. Chaque pas compte même les plus petits, on en revient à la règle des 1 %.

Vous êtes en chemin, et cela, c'est déjà une victoire.

Patience et **persévérance** sont sur la même longueur d'onde que la **résilience.**

La patience permet de garder son calme face aux échecs, tandis que la persévérance pousse à recommencer. Ensemble, elles forment la résilience, la capacité à rebondir après un coup dur.

Qu'est-ce qui *vous pousse à poursuivre vos rêves sans le moindre répit ?*

La résilience

La résilience est un terme utilisé dans plusieurs domaines comme l'écologie, la psychologie, l'informatique ou encore la physique. Mais la définition reste la même.

La résilience est la capacité d'une personne à surmonter et à s'adapter aux adversités, aux épreuves et aux traumatismes de la vie tout en maintenant ou retrouvant un équilibre émotionnel, mental et physique. Elle ne consiste pas uniquement à résister aux difficultés, mais aussi à en tirer des leçons, à se reconstruire et à en sortir plus fort.

La résilience repose sur une attitude positive face aux défis. Cultiver **la résilience**, c'est apprendre à transformer les échecs, les changements et les douleurs en opportunités de croissance et de renouveau.

> *« Ce qui ne me tue pas me rend plus fort »*
> *Friedrich Nietzsche*

J'aimerais vous parler du stoïcisme, car pour moi c'est un concept étroitement lié avec la résilience.

Le stoïcisme est une philosophie de vie qui trouve son origine dans la Grèce antique, fondée par Zénon de Kition au IIIe siècle av. J.-C. Cette école de pensée met l'accent sur le développement de la maîtrise de soi, de **la résilience** et de la tranquillité d'esprit face aux épreuves de la vie.

En gros, le stoïcisme encourage à se concentrer sur ce qui dépend de nous (nos actions, nos jugements) et à lâcher prise sur ce qui échappe à notre contrôle (les opinions des autres, les circonstances imprévues, etc.)

Prenons l'exemple d'une perte d'emploi, une personne stoïque qui perd son travail sait qu'elle ne peut pas aller à l'encontre de son employeur. Ce qu'il va contrôler en revanche c'est la réaction à son licenciement. Plutôt que de céder au désespoir ou à la colère, il chercherait à accepter la situation avec calme et rationalité, en réfléchissant aux actions qu'il peut entreprendre pour rebondir.

Faire preuve de résilience sera d'accepter la perte d'emploi et de la voir comme une épreuve surmontable. Vous pouvez vous permettre un moment de tristesse, de frustration et voir cela comme de l'injustice. Je vous dirai même que si vous vous faites virer injustement, c'est que votre place n'était pas là.

Comme le dit Marc Aurèle : « *L'obstacle à l'action fait avancer l'action. Ce qui fait barrage devient le chemin.* » Autrement dit, cette difficulté peut être transformée en une opportunité de croissance comme trouver un meilleur emploi ou développer de nouvelles compétences.

À travers le stoïcisme, voyons cette épreuve comme une occasion de nous réinventer en acceptant que le changement demande du temps et exige de la **patience.**

Voyez chaque fin comme un début.

Nelson Mandela a passé vingt-sept ans en prison pour avoir lutté contre l'apartheid en Afrique du Sud. Malgré les injustices et les privations qu'il a subies, il n'a jamais abandonné ses convictions. Sa **résilience** l'a conduit à devenir président de l'Afrique du Sud et un symbole mondial de la lutte pour l'égalité et la justice. Il a transformé une situation de privation en un puissant moteur de changement.

À 21 ans, on diagnostique à Stephen Hawking une sclérose latérale amyotrophique (SLA), une maladie neurodégénérative qui devait l'emporter en quelques années. Malgré son handicap progressif, il est devenu un astrophysicien renommé auteur du célèbre livre *Une brève histoire du temps.* Son esprit a surmonté les limites de son corps, prouvant que la volonté peut transcender l'adversité.

Beethoven a commencé à perdre son audition à l'âge de 26 ans. À cette époque, il était déjà un compositeur renommé et prometteur. La surdité progressive était une tragédie pour lui, car l'ouïe est essentielle pour un musicien. Il entendait des bourdonnements et des sifflements constamment, ce qui compliquait encore plus son travail.

Malgré tous ses efforts pour trouver des traitements, sa surdité s'est aggravée et à 44 ans il finit totalement sourd. Cette perte l'a plongé dans une profonde dépression, au point qu'il a envisagé le suicide. Cependant, il a choisi de continuer à vivre pour sa musique.

Comment Beethoven a-t-il remonté la pente ?

Il a appris à composer en ressentant les vibrations des instruments et en se fiant à son oreille intérieure, développée par des années d'expérience. Il utilisait des techniques ingénieuses, assis par terre face à un piano sans pieds, il ressentait les vibrations de la musique sur le sol.

Le trio patience, persévérance et résilience :

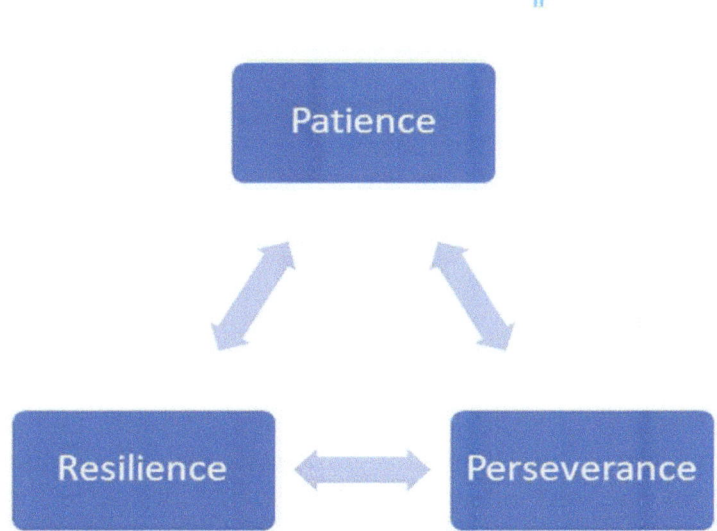

Imaginez que votre réussite repose sur une chaise à trois pieds. Ces trois pieds représentent **la patience**, **la persévérance** et **la résilience**. Pour que cette chaise soit stable et solide, les trois pieds doivent être présents et en bon équilibre. Si l'un des pieds est plus court, la chaise vacille.

Si un pied manque, elle s'effondre.

Atteindre votre objectif est un marathon, pas un sprint. Et pour tenir jusqu'à la ligne d'arrivée, il faut savoir gérer les étapes (patience), maintenir l'effort (persévérance) et accepter les imprévus (résilience). Ce trio agit comme un cercle vertueux : chaque qualité nourrit les deux autres et leur équilibre est essentiel pour transformer un rêve en réalité.

Si nous sommes persévérants, mais impatients, nous risquons de nous décourager en cours de route parce que les résultats ne viennent pas assez vite.

Si nous sommes patients, mais que nous manquons de persévérance, nous risquons d'attendre passivement sans poser les actions nécessaires pour avancer.

Si nous sommes persévérants et patients, mais que nous manquons de résilience, chaque échec pourrait nous démotiver au point de nous arrêter.

N'oubliez jamais que chaque étape, chaque effort consenti et chaque épreuve surmontée sont des pierres qui construisent le chemin vers la personne que vous aspirez à devenir. Le progrès ne se mesure pas seulement aux grandes victoires, mais aussi aux petits pas que vous faites chaque jour, même lorsque le doute et la fatigue tentent de vous ralentir.

- Avec patience, vous acceptez que le succès ne se construise pas du jour au lendemain.
- Avec persévérance, vous refusez d'abandonner face aux difficultés.
- Avec la résilience, vous apprendrez à transformer les échecs en leçons et à rebondir plus fort à chaque chute.

Aucun sommet n'est inaccessible à celui qui avance lentement tant qu'il garde les yeux fixés sur son objectif.

CONCLUSION

Vous qui avez lu ce livre, félicitations, vous avez franchi un pas que des millions de personnes n'ont pas osé franchir.

Néanmoins, il ne va pas falloir s'arrêter là ! Vous avez traversé les douze travaux d'hercule du développement personnel, autant investir ce temps de lecture en action. Vous devez avoir des rêves, mais ils ne doivent pas rester en statut de rêve.

Rêver n'est pas qu'une affaire d'enfant, cela est aussi possible en tant qu'adulte et votre objectif est de réaliser vos rêves. Votre vie vous appartient, votre façon de penser et vos choix vous définissent, cessez de vous concentrer sur la douleur des autres et prenez ce que vous devez prendre et continuez votre chemin. Cela n'est pas de l'égoïsme, vous devenez juste libre de vos choix. La chose la plus importante de votre vie est le temps, ne le gaspillez pas pour plaire à des personnes qui n'en valent pas la peine.

Avoir de belles voitures, une quantité astronomique d'argent n'est pas forcément un signe de richesse, car tout cela peut se perdre du jour au lendemain. Être heureux de son vécu et être fier de ce que nous réalisons tous les jours a beaucoup plus de valeur.

Vous n'avez peut-être pas dix mille abonnés sur les réseaux sociaux, le corps de rêve, une villa de six cents mètres carrés, mais vous avez une bonne santé, et cela est la chose la plus importante. Si vous tenez absolument à avoir ces derniers atouts, c'est à vous de vous bouger, personne ne le fera pour vous.

Saisissez les opportunités qui passent près de vous, n'ayez pas peur d'échouer ou de recommencer.

Vous devez faire des choix et ces choix façonnent directement votre avenir. Chaque décision, infime soit-elle, influence le chemin que vous empruntez.

Les difficultés ne sont pas là pour vous arrêter, elles vous poussent à réfléchir, à vous adapter et à grandir. Affrontez ces épreuves et vous développerez votre résilience, votre capacité à surmonter l'adversité et à évoluer vers la meilleure version de vous-même. Chaque obstacle sur votre route est un test de votre engagement envers vos aspirations.

Ne craignez pas les obstacles qui se dressent devant vous. Acceptez-les, apprenez d'eux et utilisez-les comme des marches pour gravir votre propre sommet.

Certains problèmes ne viendront pas de vous, mais la solution viendra forcément de votre intérieur. Les réponses sont en vous et personne ne vous donnera le chemin de votre bonheur. La solution ne viendra pas de l'extérieur, c'est pourquoi il est essentiel d'apprendre à se connaître et à prendre du recul sur les situations difficiles.

Au lieu d'attendre qu'un élément extérieur vienne arranger les choses, vous devez cultiver cette capacité à chercher en vous-même les ressources nécessaires pour avancer.

Parce que la seule chose sur laquelle vous avez un contrôle total c'est vous.

Le bonheur est en chacun de nous, le chemin est plus ou moins long selon nos désirs ou nos expériences.

Tout au long de ce livre, vous avez relevé des défis et découvert des outils pour avancer vers la vie qui vous fait vibrer. Vous avez appris à rêver sans limites, à maîtriser les peurs, à cultiver patience, persévérance et résilience. Chaque pas même minuscule vous rapproche de la personne rêvée.

Mais maintenant, il ne s'agit plus seulement de lire, **il est temps d'agir.**

Les rêves restent des rêves tant qu'on ne fait rien pour les concrétiser. La différence entre ceux qui réussissent et ceux qui restent bloqués ce n'est pas le talent, la chance ou les circonstances. **C'est le passage à l'action.**

Alors, osez !

Le monde a besoin de personnes qui osent. Et particulièrement, vous avez besoin de vous-même à votre plein potentiel.

Ne vous demandez pas « Et si j'échoue ? », demandez-vous plutôt « Et si ça marchait ? »

La deuxième partie du jeu a commencé et vous êtes le joueur principal.

Vivez votre vie !

Comme l'a dit Victor Hugo *« ce n'est rien de mourir, c'est affreux de ne pas vivre »*

Cette citation de Victor Hugo souligne une vérité fondamentale : la mort en elle-même est inévitable, mais le véritable drame est de traverser la vie sans réellement la vivre.

Exister : respirer, suivre un quotidien dicté par la société sans chercher à donner un sens profond à son passage sur Terre.

Vivre : c'est oser, expérimenter, prendre des risques et se battre pour ses rêves.

C'est ne pas se contenter d'une existence monotone, mais chercher à en tirer le meilleur.

Vous aviez de nombreux mini-jeux lors de votre lecture, je serai ravi de lire vos réponses et de répondre à vos questions.

> *« Il faut savoir ce que l'on veut. Quand on le sait, il faut avoir le courage de le dire ; quand on le dit, il faut avoir le courage de le faire. » Georges Clemenceau*

ANNEXE

Félicitations à vous qui avez relevé le défi et joué le jeu de l'énigme tout au long de ce livre ! Votre engagement montre à quel point vous êtes prêt à avancer sur le chemin du développement personnel. Vous avez pris le temps de chercher, de faire preuve de réflexion et cela mérite d'être félicité.

Maintenant, l'heure est venue de lever le voile sur cette énigme dans son entièreté. Ce n'est pas seulement la fin d'un jeu, mais le début d'une prise de conscience qui j'espère vous aidera à franchir de nouvelles étapes dans votre vie. Vous avez fait preuve de curiosité, de patience et ces qualités seront vos meilleurs atouts pour aller toujours plus loin.

Face aux défis qui se dressent sur votre chemin, je suis la force à l'intérieur de toi qui vous pousse à avancer chaque jour. Dans chaque pas difficile, je vous soutiens. Et malgré les obstacles, je ne faiblis jamais.

Qu'est-ce qui, dans nos cœurs, avec une volonté ferme, vous pousse à poursuivre vos rêves sans le moindre répit ?

Pour résoudre cette énigme, il fallait repérer les mots écrits différemment tout au long du livre et les rassembler pour reconstituer l'énigme dans son intégralité. Chaque indice disséminé au fil des chapitres formait une pièce du puzzle, menant à une révélation essentielle.

La réponse à cette énigme est la <u>détermination.</u>

La **détermination** en développement personnel se définit comme la capacité à **persévérer** dans la poursuite de ses objectifs malgré les obstacles et les échecs. C'est une force qui permet de rester engagé sur du long terme, de surmonter la frustration et de ne pas abandonner face aux difficultés. Elle repose sur une **vision claire**, une **volonté forte**, et une **résilience** face aux défis.

Encore bravo à vous qui avez joué le jeu et suivi chaque indice avec attention ! Cette énigme n'était pas qu'un simple divertissement. Elle a mis à l'épreuve votre **patience,** votre logique et **votre détermination**. Les mêmes qualités essentielles pour progresser dans votre quête personnelle.

Si vous êtes amateur de mangas, vous savez que la **détermination** est une valeur omniprésente dans ces histoires. Luffy ne devient pas Roi des Pirates en un jour, Naruto ne devient pas Hokage sans effort, et Deku ne devient pas un héros sans sacrifices. Ces personnages fictifs nous montrent que les rêves ne se réalisent pas par magie, mais grâce à une volonté de fer, des actions répétées et une foi inébranlable en soi.

Et bien que ces récits soient de la fiction, la **leçon qu'ils transmettent est bien réelle.** Ce ne sont pas juste des dessins animés, mais de véritables sources d'inspiration. Leur parcours reflète ce que nous pouvons absolument tous appliquer dans notre propre vie : échouer, **tomber, mais toujours se relever et avancer. »**

Cette chasse au trésor n'était qu'un avant-goût... Le jeu continue. Êtes-vous prêt pour la suite ?

REMERCIEMENTS

Je souhaite dire un grand merci à mes parents. Ils pensent qu'ils n'ont rien à voir avec l'écriture de ce livre, mais bien au contraire. Via leur éducation, ils ont élevé un petit garçon qui a fini par devenir auteur d'un livre. Toutes les choses qu'ils m'ont apprises à leurs façons ont fait de moi l'homme que je suis aujourd'hui, ce qui me permet de mener à bien mes projets. Un grand bravo à eux.

Je tiens à remercier ma compagne. J'ai mis un certain temps à écrire ce livre, un temps que j'ai passé devant mon ordinateur et pas avec elle. Merci de m'avoir laissé du temps pour réaliser mon projet, nous rattraperons le temps en avançant ensemble et en réalisant nos projets de vie commune.

Je veux remercier les entrepreneurs que j'ai rencontrés à Élite prestige 2. Ils m'ont encouragé dans l'écriture de mon livre et m'ont montré l'importance de ce dernier.

Merci à mon cousin Julien, avec qui j'échange de temps en temps des découvertes de lectures très intéressantes.

Merci aux auteurs du groupe Auteur leader avec qui j'ai partagé ma progression. Se retrouver dans un groupe ayant le même objectif que moi, qui est d'écrire un livre, aide à tenir le cap.

Enfin, je tiens à remercier mes coachs, Meily et Laura, sans qui l'écriture de ce livre aurait été aussi difficile que de monter l'Everest sur une main. Elles m'ont corrigé, conseillé, guidé de A à Z, du lundi au dimanche.

Mes derniers remerciements vont à toutes les personnes qui auront pris le temps de lire mon livre, merci de m'avoir fait confiance et je suis de tout cœur avec vous afin que vos rêves se réalisent. N'hésitez pas à me contacter afin qu'on puisse échanger et continuer à évoluer ensemble.

RECOMMANDATIONS

Si vous souhaitez continuer vos lectures de livre de développement personnel, voilà une liste de livres que je vous conseille :

« L'Effet Cumulé » **de Darren Hardy :** un livre qui met l'accent sur le pouvoir des petites actions quotidiennes pour atteindre le succès à long terme.

« Influence et manipulation », de Robert Cialdini : Il explore les principes psychologiques sous-jacents qui influent sur les choix et les comportements humains.

« Les Quatre Accords Toltèques » de Don Miguel Ruiz : il propose un code de conduite basé sur la sagesse ancestrale pour atteindre la liberté personnelle et le bonheur.

« The One Thing, passer à l'essentiel » de Gary Keller et Jay Papasan : il enseigne que pour maximiser son succès et sa productivité il faut se concentrer sur **une seule tâche essentielle à la fois**, celle qui aura le plus grand impact et rendra tout le reste plus facile.

« Les 7 habitudes de ceux qui réalisent tout ce qu'ils entreprennent » de Stéphen Covey : il propose un modèle de réussite basé sur le développement personnel et l'efficacité, en adoptant sept habitudes proactives.

« Atteindre l'excellence » de Robert Green : il explique que le succès et la maîtrise dans n'importe quel domaine reposent sur un apprentissage approfondi, une pratique intense, une observation stratégique des maîtres et l'exploitation de son unicité créative pour atteindre un niveau d'expertise exceptionnel.

« Libérez votre cerveau » d'Idriss Aberkane : il explore le potentiel infini du cerveau humain et propose de s'affranchir des conditionnements éducatifs et sociaux pour apprendre de manière ludique, développer sa créativité et exploiter pleinement son intelligence.

Au fur et à mesure de vos lectures, faites un point sur ce qui vous intéresse le plus afin d'orienter votre apprentissage. Ouvrez-vous à toutes sortes de lecture qui tourne aussi autour du développement comme des livres sur :

La spiritualité : **« devenir super-conscient » de Joe Dispenza** qui explique comment reprogrammer son esprit et son corps grâce à la méditation et à la neuroscience, afin de dépasser ses limites, transformer sa réalité et créer une vie alignée avec ses aspirations profondes.

L'investissement financier : **« Père riche, père pauvre » de Robert T. Kiyosaki** qui met en contraste deux visions de l'argent et de la réussite financière, en enseignant que l'éducation financière, l'investissement et l'indépendance financière sont essentiels pour sortir du schéma du salariat et bâtir un patrimoine durable.

La philosophie : **« stoïcisme » de Clément Gaubert** qui propose de traverser les épreuves de la vie avec sérénité, se recentrer sur l'essentiel et retrouver le chemin du bonheur. Il suggère d'intégrer ces principes au quotidien à travers des exercices simples et ludiques, afin de renforcer sa résilience et sa préparation face aux aléas de l'existence.

Il y a encore une panoplie énorme de livres à lire. Si de votre côté vous en avez à me proposer, je serai ravi d'avoir vos propositions. Nous formerons un groupe d'échange afin de nous entraider dans notre évolution.

SOURCE

1 : Schéma Ikigai : Redirectnotice.(s.d. — c).

https://www.google.com/url?q=https://www.charlesrichardson.fr
/la-methode-ikigai-donner-un-sens-a-son-
emploi/&sa=D&source=docs&ust=1741789785826744&usg=AOvV
aw18xuMQamN7k37AalZkjBYs

2 : REBOURG, A. (2025, 1er janvier). Mais pourquoi les bonnes résolutions sont-elles si difficiles à tenir ? *TF1 INFO.*

https://www.tf1info.fr/culture/video-bonnes-resolutions-
pourquoi-elles-sont-si-difficiles-a-tenir-2074801.html

3 : *Redirect notice. (s. d.-b).*

https://www.google.com/url?q=https://www.devenir-
zen.fr/enquete-de-soi/la-th%25C3%25A9orie-du-
flow/&sa=D&source=docs&ust=1741789785577460&usg=AOvVaw
3KMHPPILe5KMN9AuCgIqBR

À PROPOS DE L'AUTEUR

Cyril ARNAUD, 34 ans, est infirmier et il est passionné de développement personnel. Depuis plusieurs années, il s'intéresse à tout ce qui permet de progresser, d'évoluer et de sortir des schémas imposés par la société. Sportif depuis toujours, il pratique l'athlétisme depuis dix-sept ans et a appris à se dépasser aussi bien physiquement que mentalement. Cette quête d'amélioration continue lui a permis de comprendre une chose essentielle : **nous avons tous en nous le potentiel de réussir, à condition de croire en nous et d'agir chaque jour dans la bonne direction**.

Cyril n'est pas écrivain de formation. Il ne s'est pas réveillé un matin avec un talent inné pour l'écriture. Mais avec de la passion, de la motivation et un objectif clair en tête, il a prouvé que l'on peut accomplir bien plus que ce que l'on croit possible. Et c'est exactement le message qu'il veut transmettre : **tout le monde peut atteindre ses objectifs, à condition de ne pas se contenter de peu et de refuser une vie qui ne nous épanouit pas.**

Mélange d'adulte responsable et d'enfant rêveur, il incarne l'idée que l'on peut assumer ses responsabilités tout en poursuivant ses rêves d'enfance. Parti de bas, il gravit les marches une à une, sans jamais s'arrêter. À travers ce livre, il souhaite aider celles et ceux qui se sentent enfermés dans une routine étouffante, qui ont oublié comment rêver et qui méritent bien plus que ce qu'ils s'accordent. **Son objectif ? Inspirer, motiver et montrer qu'une autre voie est possible, une voie où l'on s'épanouit pleinement en restant fidèle à soi-même.**

COORDONNEES

Il n'y a pas de mauvaises ou bonnes réponses et je ne suis pas là pour vous mettre une note ou vous juger. J'ai pour objectif de créer une communauté de personnes souhaitant passer à l'action, entre nous, nous pourrons nous aider et nous donner des conseils.

J'ai encore beaucoup à apprendre et vous pourrez sûrement m'apprendre beaucoup de choses. Donc c'est avec plaisir que j'échangerai avec vous.

Vous pouvez me contacter par mail

Cyril@levelup-ac.com

Ou via les réseaux sociaux :

Encore félicitations à vous !